Inhalt

Vorwort	7
Einleitung	11
Schritt 1: Träume deinen Traum	17
Schritt 2: Den Horizont erweitern	23
Schritt 3: Ich entscheide mich für meine Life-Destination	31
Schritt 4: Sitze ich auf dem richtigen Pferd?	39
Schritt 5: Habe ich die richtige Motivation?	47
Schritt 6: Die naturkonforme Strategie	55
Schritt 7: Zeit-Investment statt Zeit-Management	71
Schritt 8: Den Leader in mir entwickeln	85
Schritt 9: Multiplizieren – Die Leader um mich herum entwickeln	95
Schritt 10: Ich habe den Sinn des Lebens gefunden	109
Nachwort	113
Über den Autor	116

Vorwort

Liebe Leserin, lieber Leser,

wir leben wirklich in revolutionären Zeiten. Die Welt hat sich verändert.

Wir gehen guten Zeiten entgegen, wenn wir bereit sind umzudenken, jeder bei sich selbst beginnend.

Ich hatte das Vorrecht, in den letzten Monaten zu Zehntausenden von Menschen zu sprechen. Hier in Deutschland, Österreich und der Schweiz. Ich war immer wieder erstaunt, wie viele Menschen es hier gibt, die wirklich bereit sind den Stier bei den Hörnern zu packen und ihr Leben selbst in die Hand zu nehmen.

Der Chancen gibt es ja genug. Wir hatten noch nie eine Zeit mit so vielen wirtschaftlichen Chancen und Möglichkeiten wie heute. Es gibt nämlich so viele Probleme zu lösen wie nie zuvor. Diese warten alle auf den Problemlöser. Also eine Hochkonjunktur für problemlösungsorientierte Menschen, für Visionäre, Pioniere und Unternehmer. Ja, hier in Deutschland ist Hochkonjunktur.

Die Frage ist nur: Wie sehen Sie Ihre Zukunft? Sind Sie ermutigt Dinge zu tun, die Sie bisher nicht getan haben? Sind Sie inspiriert von einem Feuer, das in Ihrem Herzen brennt und Ihnen täglich sagt: Alles ist möglich, wenn ich nur bereit bin, mich auf diese Chancen zu konzentrieren?

Im Leben eines Menschen beginnt alles damit, dass er bereit ist, Dinge zu denken, die er bisher nicht gedacht hat. Nur wenn jemand beginnt, Dinge zu denken, die er bisher nicht gedacht hat, wird er eines Tages Dinge tun, die er bisher nicht getan hat. Und nur wer Dinge tut, die er bisher nicht getan hat, wird Dinge erleben, die er bisher nicht erlebt hat.

So einfach ist das.

Wie lautet schon ein altes Sprichwort: „Die einen schauen zu, wie die Zeit sich wandelt, die anderen packen kräftig an und handeln!"

Stellen Sie sich daher nie mehr die Frage: „Was kann die Regierung für mich tun?", sondern stellen Sie sich besser täglich die Frage: „Was kann ich für andere Menschen tun?"

„Was haben andere Menschen davon, dass es mich gibt?" Wenn Sie sich diese Frage täglich stellen und danach handeln, ist Ihre Zukunft garantiert gesichert. Chancen gibt es einfach so viele in der heutigen Zeit. „The American Dream" kann auch in Deutschland realisiert und gelebt werden.

Sie werden sich beim Lesen des Buchtitels „10 Schritte zu einem erfüllten, erVOLLgREICHen, sinnvollen Leben" schon gefragt haben, warum ich wohl das Wort „erfolgreich" anders schreibe, als wir es in der Schule gelernt haben. Gut, meine Freunde wissen warum. Bereits seit Anfang meiner Autorentätigkeit in den Achtzigerjahren verwende ich diese neue „Rechtschreibung". ErVOLLg heißt eben: **ER** (das sind Sie) ist **VOLL** mit all den Guten Dingen, die Gott uns geschenkt hat; das macht ihn (Sie) **REICH**. Wenn jemand voll ist mit all den guten Dingen, die Gott uns geschenkt hat (z.B. Gesundheit, Güte, Gaben, Gerechtigkeit, Gnade, Geist, Glaube, Glück, Geld usw.), dann – und nur dann – ist er wirklich reich. Was nützt Ihnen all das Geld, wenn all die anderen guten Dinge fehlen?

Ich wünsche Ihnen viel Freude beim Lesen dieses Buches.

Ihr

Karl Pilsl

Wirtschaftsjournalist und Medienunternehmer
www.wirtschaftsrevolution.de
Www.usaforyou.com

Wir haben
eine
Hochkonjunktur
für problemlösungsorientierte
Menschen, für Pioniere,
Visionäre und Unternehmer –
hier
in Deutschland.

Einleitung

Ich bin ein Unternehmer seit meiner Geburt. Unternehmerblut ist immer in meinen Adern geflossen und ich gehörte zu jenen Menschen, die immer wieder bereit waren, Dinge zu tun, die andere Menschen nicht bereit sind zu tun. Daher erlebe ich mit meiner Familie seit vielen Jahren viele schöne Dinge.

Bereits Ende der Sechzigerjahre – nicht einmal zwanzig-jährig – hatte ich neben meiner Praktikantenzeit im öffentlichen Dienst bereits nebenbei einen kleinen Verlag gegründet und mich täglich in meiner Freizeit mit meinen unternehmerischen Visionen beschäftigt. Dies führte dazu, dass ich als Zwanzigjähriger schon Autos fahren konnte, die sich meine früheren Schulkollegen nie hätten leisten können. Damals war mir das noch wichtig.

Als ich Amtsleiter eines kleinen Gemeindeamtes in Oberösterreich wurde, ist ebenfalls der Unternehmergeist mit mir durchgegangen. Ich begann mit Zustimmung des Gemeinderates, der meine für Beamte gar nicht übliche Denkweise bewunderte, eine gemeindeeigene „Straßenbaufirma" aufzubauen. Das war, rückwirkend gesehen, natürlich nicht die beste Entscheidung, die ich in meinem Leben getroffen habe. Natürlich hatte ich nebenberuflich auch weiterhin meine verschiedenen Involvierungen in wirtschaftliche Projekte und Unternehmen, z.B. eine

Tischlerei, die ich gemeinsam mit meinem Bruder aufgebaut hatte und dann 1976 zum Konkurs führte – mit über 200 Mitarbeitern an drei verschiedenen Standorten. Dies war eines der einschneidensten Erlebnisse in meinem Leben und dieses Erlebnis hat mein Leben dramatisch – zum Positiven – verändert. Da ich bereit war daraus zu lernen, gewisse Schlüsse zu ziehen, mein Denken und meine Strategie zu ändern und ohne an unternehmerischer Motivation einzubüßen habe ich mich gleich wieder unternehmerisch betätigt und ein neues Unternehmen gegründet: die Österreichische Bau-Marktforschung. Ein Unternehmensprojekt, in dem ich meine bisher gewonnenen Erfahrungen als Beamter und Verleger sowie meine Erfahrungen aus der Baubranche (Fenster-, Türen- und Möbelproduzent) miteinander erfolgreich verbinden konnte. Dazu gehörte dann auch der „Verlag für modernes Bauen" GmbH, die Baufinanz GmbH und noch ein paar andere Tochter- und Schwestergesellschaften.

1979 sind wir dann nach Amerika und haben dort in unsere ersten Immobilienprojekte investiert. In Texas, wo Amerika wirklich noch Amerika ist.

1986 haben wir die Österreichische Bau-Marktforschung (heute Baudata) verkauft, welche mittlerweile zum größten Institut auf diesem Sektor geworden war. Diese Firma gehört heute zum Teil zum Bertelsmann-Konzern und zum Teil zur Springer Verlagsgruppe.

Meine Familie und ich sind dann nach Amerika umgezogen mit dem Ziel herauszufinden: Was können wir von den Amerikanern wirklich lernen? Eine neue Herausforderung als Journalist, Autor, Verleger und Public Speaker. Diese letzten 20 Jahre waren die wohl interessantesten Jahre unseres Lebens. Wir haben viel dazugelernt, viel bewegt und seither Hunderttausenden Menschen im deutschsprachigen Raum eine ermutigende Botschaft gebracht.

www.wirtschaftsrevolution.de gibt Ihnen dazu mehr Information.

Warum erzähle ich Ihnen das?

Ganz einfach, weil es wichtig ist, dass Sie wissen, dass ich kein Theoretiker bin; kein trockener Wirtschaftsjournalist, der alles zwar theoretisch recherchiert und aufarbeitet, aber selbst nicht als echter Unternehmer die Zukunft des Landes mitgestaltet. Ich bin wirklich ein Praktiker, der daher auch die Kompetenz besitzt, dieses praktische Buch zu schreiben.

Ich will Sie inspirieren und ermutigen die Dinge zu tun, die in Ihrem Herzen brennen, weil ich selbst seit meiner Jugend immer jenem Feuer gefolgt bin, das in meinem Herzen brannte.

Mich den Umständen zu beugen, war nie wirklich meine Sache.

Ich will Sie inspirieren und ermutigen die Träume zu träumen, die Sie in Ihren privatesten Stunden in Ihren Herzen bewegen, weil ich selbst seit meiner Jugend meine Träume träumte und

Deutschland hat keinen Mangel an *Information.*

Aber viele Menschen haben derzeit einen Mangel an *Inspiration.*

Wir brauchen wieder mehr Feuer in unseren Herzen.

unsere Familie den Traum auch lebt, der in unseren Herzen brennt.

Wir träumen unseren Traum. Unsere Kinder sind uns dafür dankbar, dass wir diese oft sehr unkonventionellen Entscheidungen – trotz widriger Umstände – getroffen haben. Nicht wissend, was auf uns zukommt, aber immer wissend, dass es nicht der Sinn des Lebens sein kann, sich den Umständen zu beugen und einfach nur von Tag zu Tag älter zu werden, schauend, wie man über die Runden kommt – bis zur Pensionierung. Das kann nicht der Sinn des Lebens sein.

Wenn Sie bereit sind diese 10 Schritte, die ich Ihnen jetzt vorlege, wirklich zu gehen, werden auch Sie ein erfülltes, ervollgreiches und sinnvolles Leben leben. Auch wenn es Ihrem „Nachbar" (auch Ihrer Verwandtschaft) nicht immer gefällt.

Ich will Sie dazu ermutigen, gehen Sie den Weg mit uns – bis ans Ziel.

Viel Power dazu wünschen Ihnen

Karl und Monika Pilsl

**Alles ist möglich für Menschen,
die sich auf ihre Chancen
konzentrieren.**

SCHRITT 1:
Träume deinen Traum

Ja, träumen Sie Ihren Traum. IHREN Traum, nicht den Traum eines anderen.

Träume, Visionen und Ziele machen einen Menschen lebendig und stark. Träume, die geträumt werden, führen zu Visionen, Visionen führen zu konkreten Zielen. Wenn man konkrete Ziele hat, ist der Weg zur Realität nicht mehr weit. Ohne Ziel weiß man nämlich nie, ob man wirklich angekommen ist.

Ein Schiff, das seinen Hafen nicht kennt, dem ist kein Wind ein günstiger. Wer keine eigenen Ziele hat, wird immer von anderen Menschen gelebt. Wer die Führung für sein Leben nicht selbst übernimmt, darf sich nicht beklagen, wenn er von anderen Menschen wohin geführt wird, wohin er gar nicht wollte.

Der Traum, der in Ihrem Herzen brennt, ist das Samenkorn Gottes für Ihre Zukunft. Gott hat Ihnen einen Traum gegeben, damit Sie diesen auch träumen. Wenn Sie ihn nicht träumen, ein anderer Mensch kann diesen Traum nicht für Sie träumen. Er findet dann einfach nicht statt. Das ist genauso wie in der Natur. Ein Samenkorn, das nicht gesät wird, nicht gehegt und nicht gepflegt wird, bleibt unfruchtbar. Die Ernte findet einfach nicht statt.

Der Arme sagt:
Ich kann mir das nicht leisten.
(eine Faulheits-Ausrede)
Der Reiche sagt:
Was muss ich tun,
damit ich mir das leisten kann?
Und tut es.

Was brennt in Ihrem Herzen?

Was würden Sie tun, wenn Sie wüssten, dass Geld keine Rolle spielt und nichts schief gehen kann?

Das würde ich ganz einfach tun! Punkt. So ist es.

Egal, was andere Menschen dazu meinen.

Dieses Feuer brennt ja in **Ihrem** Herzen, nicht in den Herzen anderer Menschen. Daher können das andere Menschen gar nicht beurteilen. Vertrauen Sie einfach darauf, dass Gott sein Samenkorn, das er in Sie hineingelegt hat, auch zur Ernte führt, wenn Sie Ihren Teil dazu tun. Träumen. Das heißt, sich damit wirklich beschäftigen.

Sagen Sie nie: Das kann ich mir nicht leisten.

Wenn Sie das sagen, haben Sie den Fall abgeschlossen und niemand kann Ihnen dabei helfen.

Die Tür ist zu. Die erfüllte, ervollgreiche, sinnvolle Zukunft bleibt aus.

Sagen Sie vielmehr: **Was muss ich tun, damit ich mir das leisten kann?**

Wenn Sie diese Frage stellen, öffnen Sie die Tür zu Ihrer Berufung. In dem Moment, wo Sie sich immer wieder, jeden Tag, diese Frage stellen, beginnt Gott mit Ihnen zu reden. Wenn man Fragen stellt, bekommt man Antworten. Wenn man diese Frage nicht stellt, kommt auch keine Antwort. So einfach ist das. Auf einmal beginnt Gott Ihnen Ideen zu geben, neue Gedanken dazu, er inspiriert Sie, führt Ihnen

Menschen zu, die Ihnen dabei helfen können, zeigt Ihnen Wege, die Sie gehen können, um die Hindernisse auf dem Weg zum großen Ziel zu beseitigen oder umgehen zu können. Er führt Sie dann Schritt für Schritt in Ihre große Zukunft, in das erfüllte Leben, das er uns versprochen hat. Aber wenn wir diese „Was-muss-ich-tun-Frage" nicht stellen, kommt auch keine Antwort und wir leben so dahin wie viele andere Menschen auch und kommen schließlich zum Schluss: Dieses frustrierte Leben sei der Normalzustand. Anderen ginge es ja auch nicht besser. Das ist eine Lüge, die Ihnen Ihre sinnvolle Zukunft und Ihre erfüllende Berufung kostet.

Stellen Sie sich auch immer wieder diese Frage:

Was wäre, wenn dieser Traum bereits Realität wäre?

Was hätte das für positive Auswirkungen? Auf mich, auf meine Familie und auf andere Menschen?

Was hätten andere Menschen davon, wenn dieser Traum tatsächlich geträumt würde und Realität wäre?

Je mehr andere Menschen von Ihrem Traum haben, umso mehr Menschen würden Ihnen dabei helfen, diesen zu realisieren und umso schneller wäre er Realität. Zum Vorteil vieler Menschen.

Und je öfter Sie sich mit dieser „Was-wäre-wenn-Frage" beschäftigen, umso mehr Power fließt Ihnen zu. Es wird zur Realität vor Ihrem geistigen Auge und Sie beginnen dementsprechend zu sprechen, zu handeln und zu entscheiden. Und Ihre Entscheidungen bringen die sichtbare Realität hervor. Der Traum findet statt.

Wir leben unseren Traum mit dem Ziel, andere Menschen zu ermutigen, auch ihren Traum zu träumen.

Ihr Traum soll eine Ermutigung, eine Inspiration sein für viele andere Menschen.

Und Ihre Zukunft ist gesichert.

Es gibt keine Grenzen.
Nicht für Gedanken,
nicht für Gefühle,
nicht für Ziele.
Nur die Angst vor dem Versagen
setzt unsere Grenzen.

SCHRITT 2:
Den Horizont erweitern

Viele Menschen kommen deswegen nicht weiter im Leben, weil Sie nicht bereit sind, sich aus dem alten, gewohnten Umfeld herauszubewegen. Sie beugen sich den Umständen, warten bis ein Wunder geschieht – anstatt eines zu wirken – und beklagen sich dann bei Gott und der Welt, dass es ihnen so schlecht geht. Inmitten eines Landes, in dem wirklich Milch und Honig fließen. In Deutschland. Das verstehe ich nicht.

Am Anfang steht immer UMDENKEN. Umdenken ist aber oft wirklich nicht einfach, wenn man immer wieder mit den gleichen, negativ denkenden Leuten zusammenkommt, zusammenarbeitet oder gar zusammenwohnt.

Nur Umdenken führt zu einer neuen Richtung im Leben. Sie können sich Hunderte Mal vornehmen „umzukehren", aber wenn Sie nicht vorher „umdenken" (anders denken als vorher), dauert es sicherlich nicht lange und Sie werden wieder in die alte Richtung gehen.

Außerdem ist es sehr wichtig, dass die Menschen ihren persönlichen Horizont wesentlich erweitern. Es gibt so viele Möglichkeiten und Alternativen im Leben, wenn man diese aber nicht kennt und meint, seine eigene Situation sei die „wichtigste" im Leben und keine wirklichen Alternativen dazu kennt, dann besteht sehr leicht die Gefahr, dass man

**Stellen Sie sich daher
nie mehr die Frage:
„Was kann die Regierung
für mich tun?",
sondern stellen Sie sich besser
täglich die Frage:
„Was kann ich für
andere Menschen tun?"**

einer unbegründeten Angst verfällt und keine klaren Entscheidungen mehr treffen kann.

Wenn Sie Ihr Leben wirklich in eine neue Richtung bringen wollen, dann müssen Sie unbedingt raus aus dem negativen Umfeld, weg von den negativen Einflüssen und raus aus den eingefahrenen Gleisen.

Um außergewöhnliche Dinge zu tun im Leben, braucht man eine starke Inspiration. Ein Feuer im Herzen, eine brennende Vision, eine innere Power, die einem täglich sagt: You can do it. (Du schaffst es.)

Deutschland ist das Land der Information. Wir haben in Deutschland keinen Mangel an Information. Know-how gibt es genug. Wissen ist Power, so wie Dynamit. Wir haben keinen Mangel hier. Wo wir aber in Deutschland Mangel haben, ist Inspiration. Feuer.

Wenn das Feuer im Herzen eines Menschen – diese außergewöhnliche Inspiration für außergewöhnliche Dinge – fehlt, nützt das ganze Dynamit nichts. Sie können den Keller voller Dynamit (Wissen) haben, wenn aber das Feuer nur in der Küche – wenn überhaupt wo – brennt und diese beiden (Feuer und Dynamit) sich nie sehen, passiert nichts im Haus. Wir müssen in unserem Leben unbedingt unser Wissen (Information) mit einem Feuer im Herzen (Inspiration) verbinden, dann erleben wir Dinge, die wir uns vorher nicht vorstellen konnten, dass so etwas wirklich möglich ist.

Um diese Inspiration zu bekommen, ist es meist sehr, sehr nützlich und notwendig, seinen Horizont zu erweitern.

„The American Dream"
kann auch in Deutschland realisiert
und gelebt werden.

Schritt 2: Den Horizont erweitern

Wir haben daher schon vor fast 20 Jahren begonnen, junge und jung gebliebene Menschen aus Deutschland, Österreich und der Schweiz zu uns nach Oklahoma (USA) zu holen. Ganz einfach, um diesen Menschen zu helfen selbst zu erleben, wo der Unterschied liegt zwischen dem Denken des deutschen Mittelstandes und dem Denken des amerikanischen Mittelstandes.

Hunderte unserer Gäste haben in den letzten 20 Jahren erlebt, wie inspirierend das Leben und die Menschen in den USA für uns „trockene Deutsche" sein kann. Durch diese Inspiration des erweiterten Horizontes tun sich dann ganz neue Perspektiven für die Zukunft auf. Das macht stark.

Wir bieten daher für junge und jung gebliebene Menschen ab 18 Jahren die Möglichkeit, uns in den USA zu besuchen und bis zu 6 Monate mit uns gemeinsam das amerikanische Leben zu genießen. Gleichzeitig bieten wir aber auch die Möglichkeit, amerikanische Firmen kennen zu lernen, mit uns gemeinsam Messen, Konferenzen, Seminare und Veranstaltungen zu besuchen, Universitäten und Colleges kennen zu lernen bzw. ganz einfach sich inspirieren zu lassen, den Horizont zu erweitern und Orientierung für das Berufsleben zu finden und dabei viele neue, interessante Menschen zu treffen.

Unser Programm heißt **usaforyou** - Inspirations for Business & Life – nähere Information dazu auf der Website www.usaforyou.com

**Träume,
Visionen und Ziele
machen einen Menschen
lebendig und stark.**

Schritt 2: Den Horizont erweitern

Wir sind nämlich fest davon überzeugt, dass gerade junge Menschen aus Deutschland, die gerade das Gymnasium, voll gestopft mit viel Information und mit viel Frust, beendet und noch keine Orientierung für ihre Zukunft haben, unsere Hilfe in diesem Bereich besonders dringend brauchen.

Jedenfalls ist es sehr wichtig, dass wir unseren Horizont immer wieder erweitern und uns von den vielen Möglichkeiten, die das Leben bietet, inspirieren lassen. Insbesondere dann, wenn wir gerade auf der Suche sind nach neuen wirtschaftlichen Möglichkeiten bzw. Orientierung oder Abstand brauchen, um klare Entscheidungen treffen zu können.

Raus aus den eingefahrenen Gleisen. Und wenn Sie wirklich erfolgreich werden möchten, müssen Sie auch raus aus dem gewohnten, negativen Umfeld.

Ein altes Sprichwort sagt doch schon: „Sage mir, mit wem du umgehst, und ich sage dir, wer du bist!"

Oder noch präziser formuliert: „Sage mir, wem du zuhörst, und ich sage dir, was aus dir wird!"

Wer die Führung für sein Leben
nicht selbst übernimmt,
darf sich nicht beklagen,
wenn er von anderen Menschen
wohin geführt wird,
wohin er gar nicht wollte.

SCHRITT 3:
Ich entscheide mich für mein Lebensziel

Menschen, die nicht wissen, wo sie hin möchten, denen kann auch niemand helfen.

Ein altes Sprichwort sagt: „Wer seinen Hafen nicht kennt, dem ist kein Wind ein günstiger!"

Viele Menschen heutzutage wissen auf die Frage: „Was ist das Ziel deines Lebens?" oder „Wo möchtest du eines Tages landen?" keine klare Antwort zu geben. Es wundert mich auch nicht. Man hat uns ja in der Schule so gut wie nie wirklich ernsthaft gefragt danach, was unsere Träume, Visionen und Ziele sind.

Das sind ganz wichtige Fragen, eigentlich die wichtigsten Fragen des Lebens. Niemand Ernstzunehmender setzt sich regelmäßig einfach in sein Auto und fährt drauf los, ohne zu wissen, wohin er wirklich fahren will. Wenn Sie nicht wissen, wo Sie ankommen möchten, wie sollen Sie dann wissen, welche Richtung die richtige ist; welcher Weg dorthin führt?

Es gibt sogar viele Menschen, die nicht einmal die Frage beantworten können: „Wo will ich nicht ankommen?" oder „Welche Richtung möchte ich nicht gehen?" Wenn Sie weder wissen, was Sie wollen, noch wissen, was Sie nicht wollen,

**Es ist ein großer Unterschied,
ob jemand arm ist oder pleite.
Pleite ist ein temporärer Zustand.
Armut ist ein Dauerzustand,
weil es eine Geisteshaltung ist.**

dann ist das Leben tatsächlich nicht einfach. Wie sollten Sie wissen, welche Entscheidung die richtige ist?

Wenn Sie zumindest wissen, was Sie nicht wollen, dann sind Sie schon einen Schritt weitergekommen im Leben.

Stellen Sie sich unbedingt diese Fragen immer wieder:

WER möchte ich eines Tages sein?

WO möchte ich eines Tages landen?

WIE möchte ich eines Tages leben können?

WIE soll mein Privatleben aussehen? Familie, Kinder?

WAS ist meine Lieblingsbeschäftigung, wenn ich es mir wirklich aussuchen könnte?

WIE VIEL Geld möchte ich eines Tages verdienen/haben, um es in mich, meinen Lifestyle und in andere Menschen investieren zu können?

WOMIT arbeite ich am liebsten? Mit Menschen, mit Technik, in der Natur, ...?

WAS muss ich tun, damit ich meine gottgegebene Berufung wirklich ausleben kann?

WARUM möchte ich dieses Leben leben?

Was soll mal auf meinem Grabstein stehen?

Wenn ich am Ende meiner irdischen Tage Gott gegenübertrete, was möchte ich, dass er zu mir sagt?

Die wichtigste Frage jedoch ist: WER möchte ich gerne sein?

Reiche Leute sind nicht reich aufgrund ihrer Ausbildung, sondern aufgrund ihres Denkens und ihrer Entscheidungen.

Nicht: Wie viel Geld will ich verdienen? Wenn Sie viel Geld haben, aber nicht wissen, WER Sie wirklich sind, dann ist Ihr Geld nichts wert. Sie haben nichts davon. Sie sind nicht wirklich glücklich.

Machen Sie sich darüber klare Gedanken. Nehmen Sie sich viel Zeit über diese Fragen nachzudenken. Passen Sie auf, dass Sie nicht einfach nur von den Meinungen und den Entscheidungen anderer Leute (auch wenn Sie Ihnen noch so nahe stehen) getrieben werden.

Machen Sie sich schriftliche Pläne für Ihre Zukunft. Wer schreibt, der bleibt.

Leider ist es so, dass viele Menschen ihre Hochzeit besser planen als ihr Leben.

Leider ist es so, dass viele Menschen ihren Urlaub besser planen als ihre Zukunft.

Und dann wundern sie sich, dass sie nicht vorwärts kommen im Leben und immer wieder im Kreis laufen und jedes Jahr an der gleichen Stelle vorbeigehen wie schon in den Jahren zuvor.

Ihr Leben ist das Ergebnis Ihrer gestrigen Entscheidungen. Die Entscheidungen, die Sie (oder andere für Sie) in der Vergangenheit getroffen haben, sind der Grund dafür, dass Sie heute dort sind, wo sie eben sind.

Viele Leute sagen dann: „Aber nächstes Jahr wird alles besser!"

... Aber nur wenn Sie heute bereit sind, Entscheidungen zu treffen, die zu dieser Besserung führen. Wenn Sie nach wie vor

**Der Traum,
der in Ihrem Herzen brennt,
ist das Samenkorn Gottes
für Ihre Zukunft.**

die gleichen Gewohnheiten ausleben wie bisher, wenn Sie nach wie vor die gleichen Entscheidungen treffen (bewusst oder unbewusst) wie bisher, wenn Sie nach wie vor die gleichen Wege gehen wie bisher, dann werden Sie immer wieder das Gleiche ernten, erleben und am gleichen Punkt ankommen (oder vorbeikommen, wenn Sie ein Kreisläufer sind).

Jeder Bauer weiß das: Wenn er eine andere Ernte haben möchte, muss er vorher das Samenkorn wechseln. Er kann nicht erwarten, dass sich seine Ernte ändert, wenn er nicht vorher sein Samenkorn ändert.

ENTSCHEIDEN SIE SICH für Ihre Life-Destination. WER möchten Sie gerne sein und WO möchten Sie gerne ankommen?

ENT-SCHEIDUNG hat eine zweifache Bedeutung:

1. Ich muss mich von etwas trennen (scheiden) und zwar von den alten Wegen und den alten eingefahrenen Gleisen, die mich bisher nicht weitergebracht haben.
2. Ich hebe eine Scheidung auf. **Ent-Scheidung.** Ich hebe die Trennung von meinen Träumen, Visionen und Zielen auf und verbinde mich mit meiner Zukunft, meiner Berufung und mit dem, der mich berufen hat.

Seien Sie einfach mutig und tun Sie Dinge, die Sie bisher nicht getan haben. Nur dann können Sie Dinge erleben, die Sie bisher nicht erlebt haben. Es ist so einfach.

Am Anfang steht immer
UMDENKEN.
Erst dann kann man wirklich
UMKEHREN.
Und erst dann kann man wirklich
in eine NEUE RICHTUNG gehen.

SCHRITT 4:
Sitze ich auf dem richtigen Pferd?

Ja, nicht jedes Pferd (Geschäft, berufliche Position, Arbeitsstelle, Idee, Aufgabe ...) ist das richtige für Sie, wenn Sie Ihr Lebensziel erreichen möchten.

Um das entscheiden zu können, müssen Sie einfach vorher wissen, wohin Sie möchten.

Dann erst können Sie entscheiden, welches „Pferd" zu reiten für Sie Sinn macht.

Manche Leute reiten verschiedene Pferde gleichzeitig. Oder versuchen es zumindest. Aber das kann nicht zum Ziel führen. Wie sollten Sie hier dauerhaft erfolgreich sein und andere Reiter überholen oder mit anderen Reitern in Ihrer Branche mithalten können, wenn Sie immer mehrere Pferde gleichzeitig zu reiten versuchen? Das kann dauerhaft nicht funktionieren. Entscheiden Sie sich für ein Pferd – und reiten Sie dieses mit ganzem Herzen und ganzem Engagement.

Viele Leute in der heutigen Zeit reiten ein totes Pferd und wundern sich, dass sie nicht vorwärts kommen. Sie warten immer noch darauf, dass die Konjunktur wieder anspringt ohne sich die Frage zu stellen: „Lebt mein Pferd überhaupt noch, hat es überhaupt noch eine Zukunft? Ist nicht der Lebenszyklus meines Pferdes (Produktes, Dienstleistung etc.) schon längst vorüber?" Wir leben in neuen Zeiten, revolutionären Zeiten.

Ist Ihr Pferd in der Lage
Sie ans Ziel zu bringen?
Oder reiten Sie bereits ein totes Pferd?
Es gibt in der heutigen Zeit so viele
„lebenslustige Pferde",
die auf einen guten Reiter warten.

SCHRITT 4: SITZE ICH AUF DEM RICHTIGEN PFERD?

Es gibt heute leider zu viele mittelständische Unternehmer, Handwerker etc. in Deutschland, die schon seit Jahren von der Substanz leben, das Wasser steht ihnen schon bis zum Hals und sie „kaufen" sich die Arbeit, um ihre Mitarbeiter weiter beschäftigen zu können. Das macht doch keinen Sinn.

Ich habe eines gelernt von den Indianern in Oklahoma. Das, was ich gelernt habe, heißt: „Wenn dein Pferd tot ist, dann steig ab!" Es macht doch keinen Sinn ein totes Pferd weiter zu reiten.

Es macht auch keinen Sinn dann einen Unternehmensberater zu holen, damit er feststellt, WIE tot das Pferd ist.

Und es macht noch viel weniger Sinn zwei tote Pferde zusammenzuspannen. Deswegen wird keines von beiden lebendig.

Ja, es gibt viele lahme, scheintote Pferde, die man evtl. nochmals beleben könnte, aber ein totes Pferd weiter zu reiten, das macht wirklich keinen Sinn. Und es ist auch überhaupt nicht notwendig in einer Zeit mit so vielen Chancen und Möglichkeiten wie nie zuvor für unternehmerisch denkende Menschen.

Eine ganz konkrete Frage an Sie persönlich: „Sitzen Sie auf dem **richtigen Pferd?**"

Ist dieses Pferd dazu in der Lage, Sie ans Ziel zu bringen? Mit viel Freude, Begeisterung und der von Ihnen gewünschten bzw. notwendigen Geschwindigkeit? Die Zeiten sind schnelllebig heutzutage. Ein lahmes Pferd hat einen eindeutigen Wettbewerbsnachteil.

Ich kann diese Frage für Sie nicht beantworten. Sie kennen Ihre Situation. Sie kennen Ihre Branche. Sie kennen Ihre derzeitigen Marktchancen. Sie kennen Ihr „Frust- bzw. Freudenpotenzial", das in dem steckt, was Sie jetzt tun.

Eines weiß ich sicher: Es gibt in der heutigen Zeit so viele „lebenslustige Pferde", die auf einen guten Reiter warten. Es gibt sehr viele Existenzgründungsmöglichkeiten, von denen viele Menschen noch nichts wissen.

Sowohl in der traditionellen Wirtschaft, im Dienstleistungsbereich als auch – und hier ganz besonders – im neuen Unternehmermarkt der „Fertigexistenzen". Viele Menschen in Deutschland wissen noch nichts, nicht viel oder nicht das Richtige von diesem Homebusiness-Boom, der auf Deutschland zukommt. Hier stehen bereits jetzt Pferde bereit, die Sie ganz sicher an Ihr Ziel bringen, wenn Sie bereit sind fleißig – mit anderen Menschen gemeinsam – zu arbeiten.

Die Zukunft liegt im Gründen einer eigenen Existenz; seines eigenen Arbeitsplatzes.

Es gibt auch heute noch viele Möglichkeiten im traditionellen Bereich. Aber wenn Sie kein Geld investieren können, aber bereit sind wirklich auch mit täglicher Routine fleißig zu arbeiten und Freude daran haben, sich in andere Menschen zu investieren, dann gibt es im Arbeitsmarkt der „Fertigexistenzen" viele großartige Möglichkeiten für Sie.

Das klassische Franchising (wie z.B. McDonald's) hat in den letzten 60 Jahren die Welt erobert. Das naturkonforme Network-Franchising (Homebusiness-Fertigexistenzen mit einem hoch multiplikativen Marketing-System), das viele Menschen Network-Marketing nennen, wird in den nächsten Jahrzehnten einen unvergleichbar größeren Wirtschaftsboom auslösen als das klassische Franchising es bisher geschafft hat.

Es gibt in Deutschland bereits eine Reihe von wirklich guten Firmen auf diesem Sektor, die schon in den letzten Jahren und Jahrzehnten bewiesen haben, dass sie funktionieren. Funktionieren für Menschen, die verstanden haben, worum es hier wirklich geht und wie Network-Franchising wirklich funktioniert.

Das Problem dabei ist, dass viele Menschen in Deutschland zwar meinen es zu kennen, aber nicht wirklich wissen, welches Potenzial in diesem naturkonformsten aller Wirtschaftssysteme wirklich steckt.

Wenn Sie mehr darüber wissen möchten, dann lesen Sie zwei meiner weiteren Bücher:

„Die 10 Haupttrends der aus den USA kommenden Wirtschaftsrevolution und die damit verbundenen Konsequenzen und Chancen" bzw. das Buch **„Die naturkonforme Strategie".**

Beide Bücher sind erhältlich im Verlag Gute Nachricht. www.wirtschaftsrevolution.de

**Machen Sie sich schriftliche
Pläne über Ihre Zukunft.
Wer schreibt, der bleibt.**

**Leider ist es so,
dass viele Menschen ihre Hochzeit
besser planen als ihr Leben.**

**Leider ist es so,
dass viele Menschen ihren Urlaub
besser planen als ihre Zukunft.**

Wenn Sie auf der Suche sind nach dem richtigen Pferd, dann empfehle ich Ihnen wirklich, sich das Thema Network-Franchising genauer anzusehen. Es lohnt sich und ist absolut risikolos. Wenn Sie sich an die Spielregeln des erfolgreichen Network-Franchisings halten und mit seriösen Menschen zusammenarbeiten, können Sie dabei wirklich nichts verlieren – aber viel lernen und gewinnen.

**WARUM tun Sie das,
was Sie tun (oder tun wollen)?**

**Sind Sie richtig MOTIViert?
Haben Sie das richtige MOTIV dafür?**

SCHRITT 5:
Habe ich die richtige Motivation?

Ein Produkt, ein Geschäftsplan, eine Dienstleistung kann noch so gut sein, wenn die Motivation nicht stimmt, funktioniert es nicht und führt es Sie nicht zum Ziel.

Was verstehe ich unter Motivation?

Ich meine hier nicht die landläufige Aussage: Ich bin nicht motiviert oder ich bin stark motiviert.

Nein, ich meine hier unter Motivation: WARUM tue ich etwas?

Welches MOTIV habe ich für meine Arbeit, mein Geschäft, mein Handeln?

Welches MOTIV führt (treibt) mich zur AKTION (Handlung).

Wenn Sie die richtige Motivation haben – das richtige Motiv – dann ist das anziehend für andere Menschen, wie ein Magnet.

Wenn Sie die falsche Motivation haben – ein falsches Motiv – dann ist das abstoßend für andere Menschen, wie ein (Anti)-Magnet.

Möchten Sie andere Menschen benutzen für Ihre Ziele? – Das ist abstoßend.

Möchten Sie sich in andere Menschen investieren für gemeinsame größere Ziele? – Das ist stark anziehend.

Das falsche MOTIV
für eine Sache zu haben
ist so wie Mundgeruch.

Alle merken (riechen) es,
nur der Betroffene selbst nicht.

SCHRITT 5: HABE ICH DIE RICHTIGE MOTIVATION? 49

Es ist sehr oft so, dass man selbst gar nicht mitbekommt, dass man eigentlich „abstoßend" unterwegs ist. Die Leute, mit denen wir in Kontakt kommen, spüren oder riechen es aber sofort, ob Sie etwas von ihnen möchten oder ob Sie ihnen etwas bringen.

Das ist so, wie wenn einer Mundgeruch hat. Der, der Mundgeruch hat, kriegt es oft gar nicht mit, warum andere Leute einen Bogen um ihn machen. Alle riechen es, nur er selbst nicht.

Was ist Ihre Motivation für das, was Sie tun?

Möchten Sie anderen Menschen helfen oder möchten Sie andere Menschen dazu benutzen, dass Sie reich werden? Das spürt man an der Ausstrahlung.

Bringen Sie anderen Menschen etwas oder holen Sie sich etwas ab beim Kunden (z.B. Geld)? Suchen Sie Kunden, damit Sie eine Rechnung schreiben können, oder suchen Sie Kunden, damit Sie das Leben anderer Menschen einfacher und besser machen können?

Das spürt man von Weitem. Und daran liegt es auch meistens, warum die einen den Kunden nachlaufen müssen und die anderen eine immer größere Anziehungskraft haben auf Menschen und alle Hände voll zu tun haben mit jenen Kunden, die von selbst kommen.

Wenn Sie mein Buch „Die naturkonforme Strategie" gelesen haben, dann wissen Sie ja:

Suchen Sie Kunden,
damit Sie eine Rechnung
schreiben können,
oder suchen Sie Kunden,
damit Sie das Leben
anderer Menschen einfacher und
besser machen können?

SCHRITT 5: HABE ICH DIE RICHTIGE MOTIVATION?

Die ganze Welt ist am Laufen. Die Frage ist: Wer läuft wem nach? Davon hängt ab, ob Ihr Leben einfach ist oder nicht. Ob Sie höchst effizient sind oder immer im Stress.

Was ist Ihre Motivation? Warum tun Sie das, was Sie tun?

Was haben andere Menschen davon, dass es Sie gibt?

Was erleben andere Menschen, wenn sie Ihnen begegnen?

Davon hängt ab, ob sie Ihnen wieder begegnen möchten oder nicht. Wollen sie Ihnen wieder begegnen (Anziehungskraft), ist Ihre Zukunft gesichert und Ihr Leben ein Vielfaches einfacher. Wollen sie Ihnen nicht mehr begegnen, machen die Menschen wieder einen Bogen um Sie herum und Sie sind wieder am Laufen – und im Stress.

Ihre Motivation schlägt sich nieder und wird spürbar im Kundenerlebnis.

Sind die Menschen – nachdem sie Ihnen begegnet sind:

- stärker oder schwächer
- ermutigter oder entmutigter
- begeisterter oder frustrierter
- mit mehr Power ausgestattet oder haben Sie ihnen die letzte Energie entzogen
- reicher oder ärmer
- mit mehr Hoffnung für die Zukunft ausgestattet oder haben Sie denen die letzte Hoffnung genommen?

**Menschen gehen gerne dorthin,
wo man sie ermutigt - nicht dorthin,
wo man sie immer kritisiert.
Denn Ermutigung ist
Sauerstoff für die Seele.**

Ist das Leben dieser Menschen durch die Begegnung mit Ihnen einfacher oder komplizierter geworden? – Davon hängt ab, ob sie Ihnen wieder begegnen möchten oder nicht.

Die richtige Motivation führt zum positiven Kundenerlebnis.

Dieses wirkt wie ein Magnet (anziehend für andere Menschen).

Die falsche Motivation führt zu einem negativen Kundenerlebnis.

Dieses wirkt wie ein Anti-Magnet (abstoßend für andere Menschen).

Egoistische Motive sind die falschen Motive für anhaltenden Erfolg.

Egoismus ist nicht attraktiv. Alles, was Attraktivität kostet, kostet Anziehungskraft und daher viel Geld. Also die falsche Motivation ist eine sehr teure Sache.

**Leadership ist die Aufgabe,
andere Menschen
mit Power zu erfüllen,
damit sie wachsen und
sich entfalten können.**

SCHRITT 6:
Die naturkonforme Strategie

Die Natur ist erfolgreich. Jahr für Jahr. Was macht sie richtig?
Es gibt Gesetzmäßigkeiten, die nicht zu verändern sind. Egal, wie viel Geld Sie haben. Egal, wie gescheit Sie sind bzw. wie viele akademische Grade Sie haben. Gott hat eben Gesetzmäßigkeiten eingerichtet, die niemand ändern kann. Und das ist gut so. Jeder, der bereit ist mit diesen Gesetzmäßigkeiten zu kooperieren und im Sog dieser Gesetzmäßigkeiten zu leben, wird die Auswirkungen dieser Gesetze in seinem Leben erfahren. Es ist eben besser damit zu kooperieren als dagegen anzukämpfen.

Ich weiß schon, dass es viele Menschen gibt in unserem Land, die sagen: „Ich hab da meine eigene Philosophie!" und sind auch noch stolz darauf, diese zu haben. Aber vielleicht ist Ihre „eigene Philosophie" gerade der Grund dafür, dass Ihr Leben nicht so läuft, wie Sie es sich gerne wünschen. Vielleicht ist Ihre eigene Philosophie gerade der Grund dafür, warum Sie ständig im Stress sind und doch nicht genügend Geld haben. Warum Sie nicht so gesund sind, wie Sie sein möchten, obwohl Sie doch alles tun für Ihre Gesundheit. Warum Sie nicht so ervollgreich sind, wie Sie sein möchten, obwohl Sie fleißig sind und mit ganzer Kraft versuchen, alles richtig zu machen. Warum Ihnen das Geld noch nicht nachläuft, obwohl Sie doch die besten Produkte haben.

> **Gott lässt seiner nicht spotten.**
> **Was der Mensch sät,**
> **das wird er ernten.**
>
> Apostel Paulus im Galaterbrief

Ja, es gibt z. B. das Gesetz der Schwerkraft. Jeder kennt es und jeder ist dankbar dafür, sonst würden wir alle ziellos durch die Gegend schweben. Wenn 100 Leute vom Fernsehturm in Berlin runterspringen, wie viele kommen unten an? Gut, wahrscheinlich nur 95, denn die anderen verfliegen sich, weil sie sich in Berlin nicht auskennen. Nein, 100 springen weg, 100 kommen unten an. Ganz sicher. Egal, wie viel Geld sie haben oder wie viel sie studiert haben. Vor den Gesetzen Gottes sind alle Menschen gleich. Gott sei Dank.

Ja, es gibt auch noch das Gesetz von Saat und Ernte. Jeder kennt es, aber außer dem Bauer wenden es nur wenige Menschen in ihrem Leben wirklich an. Die Ernte entspricht immer dem Samenkorn. Wenn Sie Weizen säen, werden Sie Weizen ernten. Wenn Sie Hafer säen, werden Sie Hafer ernten. Es steht doch geschrieben: Gott lässt seiner nicht spotten; was der Mensch sät, das wird er ernten. Es steht auch geschrieben: Solange die Erde besteht, wird nicht vergehen das Gesetz von Saat und Ernte. Und die Erde besteht noch. Da nützt Ihnen Ihre ganze „eigene Philosophie" nichts. Der Acker hat keine Macht. Wenn Sie 100 Mal Weizen säen, werden Sie 100 Mal Weizen ernten. Egal, ob Sie viel oder wenig gebetet haben.

So einfach ist das. Egal, ob Sie viel Geld haben oder keines. Egal, ob Sie akademische Grade besitzen oder nicht.

Oder ein anderes Beispiel zur besseren Veranschaulichung: Wie Sie wissen haben wir eine Straßenverkehrsordnung, die für alle Menschen gilt. Nun kommt einer aus der Schweiz nach Deutschland und sagt: Ich hab da meine eigene

**Viele Menschen sagen:
Ich habe meine eigene Philosophie.
Ihre „eigene Philosophie"
ist aber vielleicht der Grund,
warum Ihr Leben bisher
nicht so lief,
wie Sie es gerne wollten.**

Schritt 6: Die naturkonforme Strategie

Philosophie. Ich weiß schon, dass die Straßenverkehrsordnung sagt: Rechts fahren. Aber ich hab da meine eigene Philosophie. Ich bin Schweizer, ich fahre links, da ist es viel schöner, da fahren weniger.

Niemand hat etwas dagegen, wenn Sie Ihre eigene Philosophie haben, aber Sie müssen auch bereit sein, die Konsequenzen Ihrer eigenen Philosophie zu tragen.

Oder Sie sind ein Grüner. Sie sagen: Ich habe meine eigene Philosophie. Bei Grün bleibe ich voll Ehrfurcht stehen, bei Rot fahre ich durch ... Ich habe nämlich meine eigene Philosophie. Rot kann ich nicht mehr sehen, Grün ist die Farbe der Hoffnung. Und Sie fahren einfach bei jeder Kreuzung bei Rot durch. Das ist Ihre Philosophie.

Das ist Ihre Sache. Aber Sie müssen dann auch bereit sein, die Konsequenzen Ihrer eigenen Philosophie zu tragen. Z.B. Flensburg, Malus bei der Versicherung, Krankenhaus, evtl. sogar Friedhof ... Das wären hier die Konsequenzen. Niemand anderer ist schuld an Ihrer Misere, außer Ihre eigene Philosophie.

Daher ist es gut, wenn wir uns an die Gesetze, die Gott eingerichtet hat, damit das Leben auf dieser Erde funktioniert – sie sind für alle gleich – auch wirklich halten, mit ihnen kooperieren, anstatt dagegen anzukämpfen und die Auswirkungen dieser Gesetze auf unsere Mühlen lenken. Dann wird das Leben immer einfacher.

Und so gibt es auch das unumstößliche Gesetz der Kybernetik (das Gesetz der Selbstautomatismen), von dem man uns in

> Es ist ein schwerer Irrtum,
> wenn man das Gesetz
> von Saat und Ernte auf die
> Landwirtschaft reduziert.

Schritt 6: Die naturkonforme Strategie

den Schulen Deutschlands leider nichts erzählt hat. Ein genauso wichtiges Gesetz wie das Gesetz der Schwerkraft oder das Gesetz von Saat und Ernte. Auch über das Gesetz von Saat und Ernte hat man uns eigentlich nichts erzählt, außer dass der Bauer danach arbeitet. Man hat es auf die Ebene der Landwirtschaft reduziert. Das ist ein schwerer Irrtum. Das Gesetz von Saat und Ernte gilt genauso auch für unseren persönlichen, menschlichen Lebensbereich, für den seelischen Bereich, den gedanklichen Bereich, den geistigen Bereich und auch den geistlichen Bereich. Kein Lebensbereich ist davon ausgenommen. Sogar die Fortpflanzung des Lebens geschieht nach dem Gesetz von Saat und Ernte.

Jeder Gedanke ist ein Samenkorn. Wenn er ausgesprochen wird und auf aufnahmebereiten Ackerboden fällt, bringt jeder Gedanke Ernte (Auswirkungen in größerem Maße) hervor. Wenn ein negativer Gedanke nicht ausgesprochen wird, bleibt er im „Saatgutspeicher" und blockiert diesen, hat aber Gott sei Dank keine negativen Auswirkungen auf andere Menschen.

Wenn der Gedanke aber ausgesprochen wird und auf aufnahmebereiten Boden (z.B. das Herz Ihrer Frau, Ihres Mannes, Ihrer Kinder oder Ihrer Mitarbeiter und Geschäftspartner) fällt, dann bringt er Frucht hervor, ganz nach der Art des Samenkorns. Ob Sie das wollen oder nicht, ist hier nicht die Frage. Das Gesetz von Saat und Ernte ist unbestechlich und funktioniert für jeden gleich, egal, ob er viel Geld hat oder wenig. Egal, ob er viele Titel hat oder keine. So einfach ist es.

**Das Gesetz von Saat und Ernte
ist unbestechlich und
funktioniert für jeden gleich,
egal, ob er viel Geld hat oder wenig.
Egal, ob er viele Titel hat oder keine.
So einfach ist es.**

Schritt 6: Die naturkonforme Strategie

Jedes Wort, das Sie sprechen, ist ein Samenkorn und reproduziert ganz nach seiner Art.

Sie müssen dann mit diesen Auswirkungen leben. Wenn am frühen Morgen Ihre Frau die Augen aufschlägt, sagen Sie zu ihr: „Wenn ich dir in die Augen schau', bleibt die Zeit stehn." Und sie freut sich über Ihre Worte, und vielleicht bleibt die Zeit wirklich stehen (!).

Wenn Sie aber zu Ihrer Frau am frühen Morgen sagen: „Du hast ein Gesicht, dass die Uhr stehen bleibt", dann wird der Tag sicherlich ganz anders verlaufen. Sie können sogar den Abend schon streichen. Verstehen Sie? Obwohl Sie über fast das gleiche Thema (Zeit, Uhr) gesprochen haben.

Ihr Wort ist Samenkorn. Das Herz Ihrer Frau ist hier der Ackerboden und der Ackerboden, wenn er aufnahmebereit war, bringt eine Ernte ganz nach der Art des Samenkorns hervor.

Sie können das nicht ändern, egal, ob Sie reich sind oder arm, viel Wissen haben oder wenig.

Gute Noten hatten in der Schule oder schlechte. Ein Schönling sind oder nicht.

Ja, und so gibt es auch das Gesetz der Kybernetik. Ein gottgegebenes Gesetz, das genauso sicher funktioniert wie das Gesetz der Schwerkraft oder das Gesetz von Saat und Ernte oder alle anderen von unserem Schöpfer eingerichteten Gesetzmäßigkeiten. Wir sollten damit kooperieren und damit leben lernen. Niemand hat uns in der Schule von diesem

**Die Natur ist erfolgreich.
Jahr für Jahr.
Was macht sie richtig?**

Gesetz der Kybernetik erzählt. Ich gehe davon aus, dass auch die Lehrerin nichts davon gewusst hat und evtl. bis zum heutigen Tage nichts davon weiß. Sonst würden unsere Schulen in einem anderen Zustand sein, die Schüler mit Begeisterung in die Schule gehen und die daraus entstehenden Ergebnisse (Auswirkungen) eine wahre Freude für die Gesellschaft und unser Land sein.

Ich bin Wolfgang Mewes, dem Begründer der EKS (engpasskonzentrierte Strategie), immer noch sehr dankbar dafür, dass er mir vor fast 30 Jahren das Gesetz der Kybernetik in einem Fernkurs und später in Seminaren so anschaulich vermittelt hat, dass es eine bleibende positive Auswirkung hat bis zum heutigen Tag – in allen meinen Lebensbereichen. Anfang der Achtzigerjahre war es dann Gernot Nieter, ein schwäbischer Geschäftsmann, der mich in diesem Bereich sehr stark weiter inspirierte und mir eine neue, zusätzliche Dimension – die naturkonforme Strategie – näher gebracht hat. Auch Gernot Nieter bin ich dafür sehr dankbar, dass er mich mit (biblischen) Themen und Fallbeispielen konfrontiert hat, die mein Leben dann drastisch zum Positiven gewendet haben.

Als wir dann 1986 in die USA umgezogen sind, habe ich dieses Gedankengut der EKS mitgenommen und es mit den vielen verschiedenen Strategien amerikanischer Wirtschaftsleute verglichen, dabei die EKS und die naturkonforme Strategie weiter entwickelt und angereichert mit neuen dazu gewonnenen Erkenntnissen und festgestellt, dass die Amerikaner von ihrer Grundtendenz des Denkens her uns

Eine ernsthafte Frage:

**Leben Sie schon im
„Sog Ihrer persönlichen Attraktivität"
oder laufen Sie dem Geld
immer noch hinterher?**

**Auch das Gesetz der Kybernetik
ist unumstößlich.**

auch hier in vielen Dingen voraus sind. Ich habe in den USA erkannt, dass auch die Grundprinzipien der EKS noch einfacher umgesetzt werden können als ich es bisher gehört, praktiziert und für möglich gehalten hatte. Ich habe in den letzten 20 Jahren in Amerika das Gedankengut der EKS und deren praktische Umsetzung gesucht und auch gefunden und hier nochmals sehr viel dazulernen dürfen. Fazit: Es ist noch viel einfacher als wir bisher dachten, wenn wir bereit sind, die Grundprinzipien des Lebens wirklich zu suchen und in unserem Leben auch umzusetzen. Wer suchet der findet. Die Frage ist: Was suchen Sie?

Beim Gesetz der Kybernetik geht es um den „Sog der Attraktivität". Bei meinen Seminaren und Vorträgen fordere ich meine Zuhörer oft wirklich gehörig heraus mit Behauptungen, die sie anfangs oft nicht einordnen bzw. nicht so einfach annehmen können. Aber wenn ich meine Lieblingsstory vom Kirschbaum und eine einzige Folie (die von der kybernetischen Spirale) auflege und erläutere, ist die Frage für alle Zuhörer grundsätzlich beantwortet.

Ich verwende diese Folie seit 27 Jahren, habe in dieser Zeit zu Hunderttausenden Menschen gesprochen und es hat sich keiner gefunden, der dieses Gesetz der Kybernetik widerlegen konnte oder wollte. Weil man es nicht widerlegen kann. Genauso wenig wie das Gesetz der Schwerkraft.

Aber das Gesetz der Kybernetik ist ein ganz entscheidendes Gesetz bezüglich ErVOLLg.

Wird das Leben anderer Menschen durch die Begegnung mit Ihnen einfacher oder komplizierter? Davon hängt ab, ob sie Ihnen wieder begegnen möchten oder nicht.

SCHRITT 6: DIE NATURKONFORME STRATEGIE

Insbesondere in Wirtschaft und Politik. Aber genauso auch für das persönliche Leben.

Es geht im Leben ja um folgende Fragen:

- Wie attraktiv ist die Frucht meines Lebens (mein Output) für andere Menschen?
- Was haben andere Menschen davon, dass es mich gibt?
- Was erleben andere Menschen, wenn sie mir begegnen?
- Wer läuft wem nach?

Das alles ist eine Frage der Attraktivität. Nur Attraktivität bringt Anziehungskraft auf andere Menschen. Nur meine Attraktivität für andere bringt einen Automatismus in Gang, eine Sogwirkung auf andere Menschen bis hin zu „den Seinen gibt's der Herr im Schlaf".

Wenn Sie mehr über das Gesetz der Kybernetik und seine Auswirkungen im wirtschaftlichen Bereich wissen möchten, dann lesen Sie mein Buch „Die naturkonforme Strategie". Erhältlich bei www.wirtschaftsrevolution.de bzw. beim Verlag Gute Nachricht und auch im Buchhandel.

**ZEIT muss
INVESTIERT werden,
nicht gemanagt,
nicht verbracht,
nicht verplant.
INVESTIERT.**

SCHRITT 7:
Zeit-Investment statt Zeit-Management

Viele Menschen haben in den letzten Jahren gelernt ihre Zeit zu managen. Es gibt aber auch immer noch viele Menschen, die nicht mal ihre Zeit im Griff haben. Wer seine Zeit nicht im Griff hat, hat auch sein Leben nicht im Griff. Denn seine Zeit ist ja sein Leben, oder?

Wer daher sein Leben im Griff haben möchte, muss zuerst seine Zeit im Griff haben.

Es gibt dazu ja eine Reihe von sehr guten Hilfsmitteln am Markt, wie man seine Zeit besser (ver)planen, managen oder einteilen kann. (z.B. Tempus, Schmidt-Colleg, Time-System usw.) Und das ist gut so.

Aber Zeit nur zu managen oder zu verplanen ist einfach nicht ausreichend für nachhaltigen Ervollg. Es geht ja nicht darum, ob ich meine Zeit gut verbracht habe, sondern ob ich diese gut investiert habe.

ZEIT muss INVESTIERT werden, nicht gemanagt, nicht verbracht, nicht verplant. **INVESTIERT.**

Die Zeit ist das wertvollste Gut, das uns Gott mitgegeben hat. Manche sagen: Zeit ist Geld. Und das stimmt. Die Frage ist nur, was tun Sie mit Ihrer Zeit. ZEIT ist Investment-Kapital. Keiner kann sagen, er hätte kein Investmentkapital. Jeder von

**Es liegt eine
große Power im Verzicht.
Vieles beginnt
erst mit der Entscheidung,
was ich ab heute
NICHT MEHR tue.**

Schritt 7: Zeit-Investment statt Zeit-Management

uns hat gleich viel, jeden Tag aufs Neue. 24 Stunden. Die Frage ist: Was tun Sie mit diesem Kapital? Davon hängt ab, ob Sie Geld haben oder nicht.

Zeit muss investiert werden. Das Gerechte daran (hier kann man einen Teil der Gerechtigkeit Gottes erkennen) ist, dass jeder Mensch jeden Tag von Gott aufs Neue gleich viel Investment-Kapital bekommt. 24 Stunden. Jeden Tag eine neue Chance, auch wenn Sie das Kapital von gestern verspielt, vergeudet, konsumiert oder gar vertrieben (Zeitvertreib) haben. Gott gibt Ihnen täglich NEUES, FRISCHES Investment-Kapital. Das ist ein Teil der Gnade Gottes. Jeden Tag aufs Neue. Eine neue Chance.

Die Frage ist nur: Was tun Sie mit diesem Kapital? Jeden Tag.

Man kann seine Zeit (Kapital) auf 6 verschiedene Weisen einsetzen:

(1) Manche vertreiben die Zeit.

Und weg ist sie. Das ist nicht gut. Da kann nichts draus werden.

(2) Andere vergeuden die Zeit.

Und weg ist sie, kommt nie mehr zurück.

Sie vergeuden die Zeit mit Angst und Sorgen, Fernsehen, Zeitung lesen, Kritisieren, Jammern, sich in die Angelegenheiten anderer Menschen – trotz Unzuständigkeit – einmischen usw. Manche Leute sind hier sehr kreativ.

(3) Andere verbringen die Zeit.

Und sie ist „verbracht", weg ist sie.

Sie verbringen ihre Zeit mit Menschen, Tieren, Blumen etc. Und das ist gut so. Aber wenn man Zeit nur verbringt – ziellos – dann ist sie einfach weg, ohne nachhaltigem Ergebnis.

(4) Andere verkaufen ihre Zeit.

Für 10 Euro die Stunde oder für 1000 Euro am Tag. Je nachdem, wie viel jemand bereit ist, Ihnen dafür zu bezahlen. Sie verkaufen die Zeit, bekommen dafür Geld, das Geld geben Sie wieder aus, weg ist es und Sie sind eine Stunde, einen Tag älter geworden. Gut, wenn Ihnen das genügt, ich habe kein Problem damit. Es ist aber nicht die beste Art zu leben, obwohl über 80 % der Menschen das tun und meinen es gäbe dazu keine Alternative.

Das ist das typische Arbeitnehmer-Denken. Wie viel verdiene ich und wann kann ich in Pension gehen? Das kann doch nicht der Sinn des Lebens sein. Ich weiß schon, dass diese Lebenweise vielen Menschen genügt und diese Menschen wird – und muss – es immer geben und diese Menschen werden immer in der Überzahl sein. Aber wenn Sie mehr vom Leben haben möchten, dann lesen Sie bitte weiter.

Verzeihen Sie, wenn ich etwas zynisch bin, aber ich möchte Ihnen helfen und die Sache auf den Punkt bringen. Es geht ja darum, dass Ihr Leben künftig noch ervollgreicher wird.

Man kann seine ZEIT auch INVESTIEREN.

(5) Investieren in seine eigenen Träume, Visionen und Ziele.

Investieren statt verkaufen. Investieren statt verbringen. Wenn Sie sich entschlossen haben, Ihr Zeit-Kapital nicht mehr einfach zu verkaufen, sondern in Ihre eigenen Träume, Visionen und Ziele zu investieren, dann sind Sie Unternehmer geworden. Ein klassischer Unternehmer, der seine Zeit in seine eigenen Träume, Visionen und Ziele investiert und gleichzeitig andere Menschen, die bereit sind ihre Zeit zu verkaufen (Arbeitnehmer), dazu benutzt, dass sie ihm helfen, seine (oft egoistischen) Ziele zu erreichen. Das ist das klassische Unternehmertum mit dem Deutschland zu seinem heutigen Wohlstand gekommen ist, das aber – und hier sollen wir ehrlich sein – auch viele Menschen frustriert hat, weil sie sich immer mehr „benutzt" vorkamen.

Wir sollten wirklich sehr dankbar dafür sein, dass es Menschen gibt, die das Risiko des Unternehmertums auf sich nehmen und bereit sind auch für andere Menschen Arbeitsplätze zu schaffen. Sonst wären Millionen von Menschen arbeitslos.

Aber wenn jemand als Unternehmer seine Zeit nur in seine eigenen (oft egoistischen) Träume, Visionen und Ziele investiert und seine Mitarbeiter nur benutzt, dann kann dies langfristig sicherlich nicht zum Ervollg führen und ist schon gar nicht dazu geeignet, eine ganze Nation wieder so richtig zum Blühen zu bringen, was Deutschland dringend brauchen würde.

Wir leben unseren Traum mit dem Ziel,
andere Menschen zu ermutigen,
auch ihren Traum zu träumen.
Ihr Traum soll eine Ermutigung,
eine Inspiration sein für
viele andere Menschen.
Und Ihre Zukunft ist gesichert.

(6) Seine Zeit in die Träume, Visionen und Ziele anderer Menschen investieren

Der Unternehmer der Zukunft INVESTIERT SEINE ZEIT nicht nur in seine eigenen Träume, Visionen und Ziele, sondern auch IN SEINE MITARBEITER und deren Träume, Visionen und Ziele.

Auch Mitarbeiter haben Träume, Visionen und Ziele und ein Recht darauf, dass diese Realität werden. Wenn sich aber niemand in sie investiert und ihnen dabei hilft, ist es schwer für sie, diese zu realisieren.

Viele Unternehmer sagen jetzt: Das ist aber riskant. Da züchte ich mir doch eine Reihe von Konkurrenten. Und dieser Einwand ist nicht unberechtigt. Das ist eben das Problem in der traditionellen Wirtschaft.

Ein Beispiel: Mein Bruder ist Tischlermeister. Sein Lehrherr hat sich wirklich in ihn investiert und aus meinem Bruder einen großartigen, talentierten Tischlermeister gemacht. Eines Tages hat sich mein Bruder entschieden, sich selbstständig zu machen und seine eigene Tischlerei zu gründen. Er baute nur wenige hundert Meter vom Lehrmeister entfernt seine Tischlerei auf. Auf einmal hatte der Lehrmeister, der alles in meinen Bruder investierte, um wirklich tüchtig zu werden, einen selbstgezüchteten Konkurrenten, dessen Betrieb heute sogar ein Mehrfaches größer ist als der des Lehrmeisters.

Glauben Sie, dass es nochmals möglich ist, diesen Lehrmeister zu motivieren, sich in die Träume, Visionen und

**Die ganze Welt ist am Laufen.
Die Frage ist:
Wer läuft wem nach?
Davon hängt ab,
ob Ihr Leben einfach ist oder nicht.**

Ziele eines Mitarbeiters zu investieren; sich selbst seinen künftigen Konkurrenten zu produzieren? Wahrscheinlich nicht.

Das ist eben das Problem der traditionellen Wirtschaft. Aber qualitatives Wachstum gibt es nur, wenn unsere Mitarbeiter besser werden dürfen als wir selbst.

Das System der traditionellen Wirtschaft ist daher – aus der Sicht ambitionierter Menschen – nicht das beste Wirtschaftssystem, das es gibt. Der ambitionierte Mensch braucht aber auf dem Weg zu seiner Berufung einen Mentor. Der Lehrmeister, der dazu eigentlich berufen wäre, fällt aber als Mentor verständlicherweise aus. Er würde sich einen Konkurrenten züchten. Da muss einer schon kräftig über seinen eigenen Schatten springen.

Das naturkonforme Wirtschaftssystem macht es möglich.

Es gibt aber ein Wirtschaftssystem, in dem es geradezu förderlich ist, wenn jemand seine Zeit in die Träume, Visionen und Ziele ANDERER MENSCHEN investiert, weil dieses naturkonforme Wirtschaftssystem von der vertraglichen Seite her so aufgebaut ist, dass immer jener Mensch die Ernte bekommt, der auch das Samenkorn (in andere Menschen) gesät hat. Die Zukunft gehört daher ganz sicher den NETWORK-UNTERNEHMERN.

Unternehmer, die sich darauf spezialisiert haben, sich in andere Menschen zu investieren.

Im Rahmen eines Wirtschaftssystems, das gerade diesen Zeiteinsatz wirklich belohnt (und nicht bestraft). Dieses Wirtschaftssystem heißt NETWORK-FRANCHISING (Network-Marketing). Wer dies verstanden hat, worum es hier wirklich geht und sich für einen sehr guten Franchisegeber (Lieferanten) entscheidet und sich dann wirklich in andere Menschen investiert, damit **deren** Träume, Visionen und Ziele Realität werden, dem gehört ganz sicher die Zukunft. Die Vertragssituation in diesem Wirtschaftssystem sorgt dafür, dass die gerechte Verteilung der Ernte geregelt ist.

Also der logische Schluss ist: INVESTIEREN Sie Ihre Zeit in die Träume, Visionen und Ziele, in die Berufung anderer Menschen – im Rahmen eines dazu geeigneten Wirtschaftsmodells – und Ihre eigenen Träume, Visionen und Ziele, Ihre eigene Berufung kommt ganz sicher zustande.

Ein großes Geheimnis:

Ervollgreiche Menschen sind deswegen ervollgreich, weil sie ihre Zeit in andere Menschen INVESTIEREN.

Nicht ervollgreiche Menschen sind deswegen nicht ervollgreich, weil sie ihre Zeit einfach nur verbringen oder gar vergeuden. Bewusst oder unbewusst macht hier keinen Unterschied.

Reiche Menschen sind deswegen reiche Menschen, weil sie das Geld, das sie haben, egal wie viel es ist, INVESTIEREN.

Arme Menschen bleiben deswegen arme Menschen, weil sie das Geld, das sie haben, egal wie viel es ist, konsumieren – und weg ist es.

Ein reicher Bauer ist deswegen ein reicher Bauer, weil er das Samenkorn, das er hat, egal wie viel es ist, in den Acker investiert.

Ein armer Bauer bleibt deswegen ein armer Bauer, weil er das Samenkorn, das er hat, egal wie viel es ist, ISST. – Und weg ist es.

Und wenn jemand sein Samenkorn isst, wartet er umsonst auf die Ernte. Da kann wirklich die Regierung nichts dafür.

Es ist eine Denke. Bin ich von meiner Denke her ein INVESTOR oder ein Konsument?

Davon hängt ab, wie meine Zukunft aussieht. Davon hängt auch ab, ob es für mich eine Ernte gibt oder nicht.

Nun noch eine sehr häufig gestellte Frage:

Wo liegt der Unterschied zwischen Zeit in Menschen INVESTIEREN und Zeit mit Menschen VERBRINGEN?

Das ist ganz einfach. Sie können jetzt mit Ihren Freunden zwei Stunden zusammensitzen, Kaffee trinken und über Politik, Wetter und Sonstiges sprechen. Sie haben vielleicht zwei schöne Stunden miteinander verbracht. Aber nach zwei Stunden sind sie immer noch dieselben. Und auch die Politik und das Wetter haben sich nicht geändert.

Das nennt man Zeit VERBRINGEN.

Über 80 % der Menschen
verkaufen ihre Zeit und meinen,
es gäbe dazu keine Alternative.
Man könnte seine Zeit
aber auch investieren,
statt verkaufen.

SCHRITT 7: ZEIT-INVESTMENT STATT ZEIT-MANAGEMENT

Wenn Sie sich aber mit Ihren Freunden und Geschäftspartnern zwei Stunden zusammensetzen, Kaffee trinken und über Träume, Visionen und Ziele sprechen, sich gegenseitig ermutigen, inspirieren, auferbauen und mit Know-how gegenseitig dienen, dann sind Sie nach zwei Stunden nicht mehr dieselben Menschen. Sie gehen ermutigt und begeistert weg und tun dann Dinge, die Sie wahrscheinlich ohne diese gerade empfangene Inspiration nicht getan hätten. Das nennt man Zeit INVESTIEREN.

Mit ganz anderen Auswirkungen. Positiven Auswirkungen. Es ist so einfach.

**Ein Unternehmen
ohne visionären Leader
kommt mir vor
wie ein Computer
ohne Betriebssystem.**

SCHRITT 8:
Den Leader in mir entwickeln

Deutschland ist das Land der Manager. Amerika ist das Land der Leader (Führer).

Das ist das Thema der Zukunft, wenn Deutschland wieder aufblühen soll:

Visionäre Leadership.

Menschen kann man nicht managen. Menschen wollen geführt werden.

Management hat die Tendenz Menschen zu benutzen für die eigenen Ziele (Unternehmensziele). Das ist frustrierend.

Visionäre Leadership hat die Tendenz sich in Menschen zu investieren. Das ist begeisternd.

Der Unternehmer der Zukunft läuft nicht mehr den Kunden nach. Er investiert sich in seine Mitarbeiter. Er schafft für seine Mitarbeiter eine Atmosphäre des Wachstums. Er ist ein Atmosphäre-Spezialist. Ein Klima-Spezialist. Er hat die Fähigkeit, ein Treibhausklima zu schaffen für Kreativität, ein Treibhausklima für Spitzenleistungen.

Der Unternehmer der Zukunft ist ein Talente-Spezialist. Er hat das Talent, Talente zu erkennen, Talente zu entfalten und aus ganz einfachen Menschen Persönlichkeiten zu formen; Menschen in ihre Berufung zu führen.

„Sage mir,
wem du zuhörst,
und ich sage dir,
was aus dir wird!"

Der Unternehmer der Zukunft ist ein MENSCHEN-SPEZIALIST.

Ein Leader mit Vision.

Jene, die meine bisherigen Bücher schon gelesen haben, kennen meine Geschichte vom Bergführer. Österreich ist ein ervollgreiches Land, weil so viele Deutsche zu uns auf Urlaub kommen. Warum kommen sie? Weil wir Bergführer haben und keine Bergmanager. Auch keine Bergtreiber. Niemand würde zum Bergmanager gehen und sagen: Bitte manage mich auf den Großglockner. Der Bergmanager würde sagen: OK, da oben ist er. Ich war noch nie dort. Geh auch nicht mit, aber ich werde dich hinauf managen.

Manager haben nämlich die Tendenz von anderen Menschen etwas zu erwarten, was sie selbst nicht bereit sind zu tun. Das ist frustrierend.

Der Bergführer reagiert hier ganz anders.

Seine Reaktion ist: Ja, wir gehen gemeinsam. Wir haben ein gemeinsames Ziel, eine gemeinsame Vision. Ich kenne den Weg, ich gehe voraus und jeder, der mitgehen möchte, darf mitgehen. Nehmen Sie daher nie jemanden mit auf den Berg, der nicht hinauf will, das ist stressig. Wenn Bergmanager versuchen würden, jemanden auf einen Berg hinauf zu managen, der gar nicht hinauf will, hätten sie dabei viel Stress. Und trotzdem geschieht diese Form von Unternehmens-„Führung" jeden Tag in Deutschland. Daher haben wir viel Stress und viel Frust in diesem Land.

Ein visionärer Leader FÜHRT mit VISION. Mit einer Vision, die größer ist als der Leader selbst. Der Bergführer führt mit einer Vision (einem gemeinsam Ziel), die viel größer ist als der Bergführer. Die Vision zieht die Menschen hinauf, nicht der Bergführer. Eigentlich führt die Vision. Und weil die Vision größer ist als der Bergführer, haben die Menschen auch keine Unterordnungsprobleme. Sie ordnen sich ja nicht einem Menschen unter, sondern einer großen Vision. Das ist für die meisten Menschen viel einfacher als sich einem Menschen unterzuordnen, noch dazu, wenn dieser gar nicht weiß, was er wirklich will.

Sind Sie ein Leader oder ein Manager?

Haben Sie eine Vision, die größer ist als Sie selbst?

Für wen ist diese Vision wirklich interessant?

Nur für Sie? Eine egoistische Vision? Kein Wunder, wenn niemand von Ihrer Vision gezogen wird und keiner wirklich mitgehen will.

Wenn Ihre Vision, mit der Sie andere führen (oder gar managen) wollen, nur für Sie attraktiv ist, dann sind Sie der Einzige, der Ihnen dabei hilft. Die anderen schauen Ihnen dabei zu, wie Sie es wohl machen und ob Sie es wohl schaffen.

Wenn Ihre Vision auch für Ihre Führungskräfte im Unternehmen attraktiv ist, dann helfen Ihnen diese gerne dabei. Und es wird einfacher.

Wenn Ihre Vision auch für Ihre Mitarbeiter attraktiv ist, dann helfen Ihnen sogar die Mitarbeiter mit Begeisterung. Und es wird noch viel einfacher.

Wenn Ihre Vision auch für Ihre Geschäftspartner (Wiederverkäufer etc.) attraktiv ist, dann helfen Ihnen sogar die Geschäftspartner mit eigener Ambition und den ihnen verfügbaren Möglichkeiten. Und es wird noch viel einfacher.

Wenn Ihre Vision aber auch für Ihre Kunden (Endverbraucher) attraktiv ist, dann helfen Ihnen sogar Ihre Kunden dabei, diese für alle Beteiligten attraktive und interessante Vision zu realisieren. Dann ist Ihre Zukunft wirklich gesichert.

Wenn Ihre Vision, die in Ihrem Herzen brennt, größer ist als Sie selbst und begeisternd für alle Beteiligten, hin bis zum Endverbraucher, dann werden die Menschen Ihnen gerne mit Begeisterung und großem eigenen Energieeinsatz dabei folgen. Und Ihrer aller Zukunft ist gesichert. Es ist so einfach.

Führen heißt Vorleben. Wenn Sie nicht vorleben, was Sie von anderen Menschen erwarten, wird es nicht funktionieren.

Manager haben die Tendenz mit Befehlen (evtl. Bitten) Menschen zu „motivieren" etwas zu tun, was diese eigentlich nicht tun möchten und sie selbst auch nicht bereit sind zu tun. Leader leben vor, gehen voraus, kommunizieren die gemeinsame Vision so oft wie möglich (nicht nur bei der Weihnachtsfeier). Leader führen mit Vision.

Führen heißt Einfluss haben bzw. Einfluss nehmen auf andere Menschen. Aber wie kann jemand Einfluss haben auf andere Menschen, wenn z.B. diese jede Gelegenheit nutzen, dem Chef nicht begegnen zu müssen. Wenn Ihre Mitarbeiter

**Der Unternehmer der Zukunft
ist ein MENSCHEN-SPEZIALIST.
Ein Leader mit Vision.**

nicht mit Begeisterung die Nähe des Chefs suchen, dann stimmt etwas nicht beim Chef. Dann ist er eher ein Manager als ein Leader.

Management ist notwendig.

Verstehen Sie mich nicht falsch. Wir brauchen auch Manager, die für die Abwicklung des Tagesgeschäftes sorgen. Ein Unternehmen ohne Management kommt mir vor wie ein Computer ohne Software.

Aber ein Unternehmen ohne visionären Leader kommt mir vor wie ein Computer ohne Betriebssystem. Beides ist notwendig, um ein Unternehmen ervollgreich führen zu können:

1. Ein starker, visionärer Leader – als Betriebssystem.
2. Ein starkes Management mit viel Know-how – als Software.

Und wenn auch die Hardware (die materielle Seite des Unternehmens) noch stimmt, dann steht einem exzellenten Output (ERVOLLG) nichts mehr im Wege.

Führen heißt auch ermutigen.

Menschen brauchen Ermutigung. Jeder von uns. Ermutigung und Lob sind unser Treibstoff.

Dort, wo Menschen ermutigt werden, dort fühlen sie sich wohl. Dort, wo Menschen gelobt werden, dort gehen sie gerne hin. Lob ist Dünger. Kritik ist Gift. Dort, wo ständig kritisiert wird, ziehen sich die Menschen zurück. Wachstum bleibt aus.

Ein visionärer Leader
FÜHRT mit VISION.
Mit einer Vision,
die größer ist als der Leader selbst.
Die Vision zieht die Menschen hinauf,
nicht der Bergführer.
Eigentlich führt die Vision.

Gift vergiftet eben den Acker und die ganze Atmosphäre.

Leader sind Menschenspezialisten.

Sie kennen sich bei Menschen aus und wissen, wie Menschen wirklich „funktionieren", wie sie zur persönlichen Blüte und zur individuellen, einzigartigen Frucht geführt werden.

Wie wird man ein Menschen-Spezialist?

Ganz einfach, indem man sich mit Menschen beschäftigt. Das tut man aber nur dann wirklich gerne, wenn man Menschen auch wirklich liebt.

Darum heißt es ja: „Liebe deinen Nächsten wie dich selbst!" – Das macht das Leben um vieles einfacher.

Wenn Sie Menschen-Spezialist werden möchten, besuchen Sie doch unsere Seminare zu diesen Themen. Ein inspirierendes, ermutigendes Erlebnis.

Mehr dazu unter www.wirtschaftsrevolution.de

**Die Prinzipien sind aber
immer die gleichen:
Die Zukunft gehört den
Menschen-Spezialisten,
die wieder Menschen-Spezialisten
hervorbringen.
Sich eben multiplizieren.**

SCHRITT 9:
Multiplizieren – die Leader um mich herum entwickeln

Wer nicht multiplizieren kann, wurde schon in der Grundschule als nicht besonders intelligent bezeichnet.

Es geht im Leben um Multiplikation. Das gesamte Menschheitsgeschlecht ist auf Multiplikation und nicht auf Addition aufgebaut. Das Gesetz von Saat und Ernte ist ebenfalls auf maximaler Multiplikation aufgebaut.

Zu multiplizieren ist viel intelligenter als nur zu addieren.

Bei 2 ist es noch egal. Da sind 2 + 2 und 2 x 2 immer 4.

Aber bei 3 macht es schon einen Unterschied:
3 + 3 = 6 und 3 x 3 = 9

Und bei 9 ist der Unterschied schon sehr groß:
9 + 9 = 18 und 9 x 9 = 81

Also lieber multiplizieren statt nur addieren.

Addieren bedeutet viel mehr Stress als Multiplikation.

Um im traditionellen Unternehmertum zu bleiben:

Sagen wir, Sie brauchen 400 Aufträge pro Monat. Es ist ein großer Unterschied, ob Sie direkt an den Endverbraucher gehen und jedem Einzelnen gesondert nachlaufen müssen, oder ob Sie an 20 Wiederverkäufer liefern und diese je 20 Aufträge pro Monat bringen. Sind auch 400, aber mit viel

Die teuerste Sache der Welt
ist EGOISMUS.
Er kostet Ihnen nämlich
Ihre persönliche Attraktivität
und damit die Anziehungskraft
auf andere Menschen.

weniger Stress. Ich weiß, das ist eine Milchmädchenrechnung. Das Prinzip dahinter ist aber nicht zu leugnen und auch nicht außer Kraft zu setzen.

Multiplikation ist eben intelligenter als Addition.

Wie schaut dies in der Praxis aus:

Wenn ein Leader nur Nachfolger produziert, wird zwar möglicherweise, wenn er besonders attraktiv ist, seine Anhänger- bzw. Nachfolgerschaft immer größer, aber er ist auch ständig gestresst damit beschäftigt, seinen Nachfolgern zu dienen, zu helfen, sie zu lehren, zu trainieren etc., um einem nach den anderen zu helfen, ervollgreich zu werden. Was er dann oft nicht schafft.

Ich behaupte jetzt Folgendes:

Wenn ein Leader nur Nachfolger produziert, ist er eigentlich gar kein richtiger Leader, sondern nur eine starke Persönlichkeit mit großer Ausstrahlung, die eben fähig ist, viele (oder weniger) Menschen zu faszinieren. Und sie folgen ihm, aber sie kommen nicht wirklich in ihre eigene Berufung. Sie kommen nicht wirklich weiter im Leben.

Ein Leader muss Leader hervorbringen.

Sonst gilt er für mich als unfruchtbar, denn alles reproduziert nach seiner Art. Ein unumstößliches Gesetz.

Wenn ein Leader keine Leader hervorbringt (also sich nicht reproduziert), gilt er für mich genauso als unfruchtbar wie ein Kaninchen, das keine Kaninchen hervorbringt.

**Seien Sie einfach mutig
und tun Sie Dinge,
die Sie bisher nicht getan haben.
Nur dann können Sie Dinge erleben,
die Sie bisher nicht erlebt haben.
Es ist so einfach.**

Denn alles reproduziert nach seiner Art. Dieser Vergleich ist lustig, aber er hinkt nicht.

Wenn ein Unternehmer keine Unternehmer hervorbringt, ist er eigentlich nicht wirklich ein Unternehmer. Zumindest ist er als unfruchtbar einzustufen.

Wenn ein Pastor (Pfarrer) keine Pastoren hervorbringt, dann ist er unfruchtbar. Denn auch hier gilt: Alles reproduziert nach seiner Art. Hier liegt vielleicht das große Problem der Kirchen (auch der Freikirchen). ... Das hätte ich vielleicht nicht sagen sollen.

Lehrer bringen Lehrer hervor. Ärzte bringen Ärzte hervor. Politiker bringen Politiker hervor.

Pastoren bringen Pastoren hervor, Unternehmer bringen Unternehmer hervor, Tischlermeister bringen Tischlermeister hervor.

So sollte es sein. Aber es funktioniert nur, wenn wir unseren Kindern und der Jugend auch vorleben was wir sagen, dass wir sind und was wir reproduzieren wollen.

VORLEBEN bringt MULTIPLIKATION.

Wenn jemand in seiner Berufung, in seinem Geschäft etc. überdimensional wachsen möchte, dann muss er sich reproduzieren.

Um ganz ehrlich zu sein, glaube ich, dass nur Leader-Persönlichkeiten die Möglichkeit haben, wirklich überdimensional zu wachsen. Leader-Persönlichkeiten als

Wer einen Baum
am Fallobst beurteilt,
ist nicht besonders intelligent.
Gleiches gilt für Menschen,
die ihre Meinung über ein
Wirtschaftssystem
an der Arbeitsweise einiger
schwarzer Schafe bilden.

Unternehmer, als Lehrer, als Ärzte, als Pastoren, als Politiker ... usw.

Leader-Persönlichkeiten gibt es in jedem Gesellschaftsbereich und wir brauchen noch viel mehr von dieser Art, um Deutschland wieder auf Vordermann zu bringen.

Hier ist der Kern der Botschaft:

Nur wer Leader-Persönlichkeiten um sich herum entwickelt, wird sich multiplizieren und überdimensional wachsen. Denn alles reproduziert nach seiner Art. Persönlichkeiten bringen Persönlichkeiten hervor. Leader-Persönlichkeiten bringen Leader-Persönlichkeiten hervor.

Nachdem Sie selbst eine Leader-Persönlichkeit geworden sind, konzentrieren Sie sich doch darauf, um Sie herum Leader-Persönlichkeiten zu entwickeln bzw. Persönlichkeiten zu entfalten.

So wächst die traditionelle Wirtschaft. So wächst aber auch die Network-Wirtschaft.

In der Network-Wirtschaft gibt es aufgrund des Marketingplanes gar keinen anderen wirklich sinnvollen, gangbaren Weg, um eine große Organisation zu bauen und viele Menschen in ihre Berufung zu führen.

Aus Kleinunternehmen entstehen nur deswegen Konzerne, weil der Pionier des Unternehmens – eine Leader-Persönlichkeit – sich entsprechend reproduziert und er dann diesen jungen Leader-Persönlichkeiten im eigenen Unternehmen (Tochterunternehmen) die Möglichkeit gibt, sich weiter zu entfalten. Er gibt ihnen die Möglichkeit der persönlichen Entfaltung und der weiteren Multiplikation (Reproduktion).

Hier liegt auch der Grund, warum viele Kleinunternehmen bei 100 Mitarbeitern ihre Obergrenze finden und nicht mehr weiter wachsen: Der Unternehmer ist nicht wirklich bereit sich als Leader zu reproduzieren, um dann sowohl Verantwortung als auch Autorität zu delegieren. Dann kommt es eben zum Stillstand im Wachstum. Zumindest quantitativ.

In der Network-Wirtschaft ist das ganz anders.

Der Marketingplan des Unternehmens ist darauf angelegt, dass sich Leader multiplizieren.

Jeder, der in einem seriösen Network-Unternehmen tätig ist und verstanden hat, dass es seine Aufgabe ist, LEADER zu sein und um sich herum LEADER-Persönlichkeiten zu entfalten, wird sich automatisch reproduzieren und überdimensional wachsen. Ganz automatisch durch die Power der Multiplikation. Das ist eben das Geheimnis des seriösen Network-Marketings (als Empfehlungsmarketing). Und es funktioniert. Auch in Deutschland sind bereits Hunderttausende Menschen im Network-Marketing tätig und es haben sich Zigtausende Menschen bereits dabei ihren gutbezahlten Vollzeit-Arbeitsplatz selbst geschaffen. Dank der Hunderten sehr guten Network-Leader, die es bereits in Deutschland gibt. Sie haben es verstanden und sind damit zu einem großen Segen für viele Menschen geworden.

Leider ist es so, dass der traditionelle Handel (Supermarktketten) bei vielen Menschen immer noch eine höhere Achtung genießt, obwohl diese wirtschaftliche Entwicklung der Konzentration des Einzelhandels in den letzten Jahren und Jahrzehnten Zigtausenden Menschen den Arbeitsplatz bzw. ihr Kleinunternehmen gekostet hat. Das ist für Menschen, die wissen was seriöses Network-Marketing als Home-business wirklich ist, unverständlich.

Das Gleiche gilt für den großen Bereich der freien Finanzdienstleistung mit strukturierten Marketingsystemen. Auch hier haben eine Reihe von Unternehmen Gewaltiges geleistet, Tausenden Menschen geholfen eine wirtschaftliche Existenz zu schaffen und viele Menschen inspiriert ihren Horizont zu erweitern, um eine ganz neue berufliche Zukunft zu finden. Es gibt auch auf diesem Sektor eine Reihe von wirklich seriösen Firmen, die es geschafft haben, sich am freien Markt der Finanzdienstleistung und Vermögensberatung richtig zu positionieren und sich über talentierte, menschenorientierte Leader zu multiplizieren. Sie haben in den letzten Jahren – in Deutschland – Zehntausende Arbeitsplätze geschaffen und meines Erachtens nicht die gebührende Anerkennung von öffentlicher Seite dafür bekommen. Es ist leider immer noch so, dass bei vielen Menschen die traditionellen Banken ein besseres Image haben, obwohl diese in den letzten Jahren Zigtausende Arbeitsplätze – durch Fusionierungen – vernichtet haben.

Wir sollten und dürfen diese Entwicklung zur „alternativen Selbstständigkeit" in Form eines eigenen Homebusiness nicht

**Setzen Sie sich doch
auf das richtige Pferd,
das auch das Potenzial hat,
Sie in die Zukunft zu tragen.**

behindern, sondern – auch von öffentlicher Seite – fördern. Wir leben in revolutionären Zeiten und diese Entwicklung ist eine der allerwichtigsten und einer der besten Trends, die wir derzeit zum Wohle der Menschen erleben. Es wird aber auch in der traditionellen Arbeitswelt ein anderes Denken notwendig sein, damit Menschen wirklich ihren Traumjob finden. Mehr dazu in meinen beiden Büchern **„So finde ich meinen Traumjob", und „Was hat mein Chef davon, dass es mich gibt?"**

Erhältlich unter www.wirtschaftsrevolution.de oder im Buchhandel.

Ich weiß auch, dass es einigen nicht gefällt, dass ich immer wieder das Thema Network-Marketing so stark heraushebe. Aber ich kann nicht anders. Ich bin vor fast 20 Jahren auf der Suche nach Leadership in den USA auf einige sehr gute Network-Unternehmen gestoßen. In den darauf folgenden Jahren habe ich mich in mehr als 20 solche Unternehmen als „Franchisenehmer" involviert, um als Wirtschaftsjournalist herauszufinden, ob das wirklich seriös ist, was die da machen. Welche Produkte haben sie? Sind die Marketingpläne seriös? Wie schaut deren Schulungsprogramm aus? Was wird aus den Menschen, die sich dort engagieren und deren Produkte konsumieren und deren Schulungen besuchen?

Das waren viele Fragen, die mich als traditionellen Unternehmer und als Wirtschaftsjournalist bewegten. Das war Ende der 80er-Jahre und Anfang der 90er-Jahre. Von Jahr zu Jahr bin ich überzeugter geworden, dass seriöses Network-

**Kluge Leute
orientieren sich am Potenzial,
das in einer Sache steckt und
nicht an den Fehlern,
die manche Menschen
in der Vergangenheit
gemacht haben.**

Marketing die Antwort wäre für den Arbeitsmarkt in Deutschland, aber ich war nicht bereit öffentlich darüber zu reden.

Ich bin seit 27 Jahren im Public-Speaking-Bereich tätig, habe mehr als 20 Bücher geschrieben und mir in der traditionellen Wirtschaft eine starke Zielgruppe aufgebaut in Deutschland, Österreich und der Schweiz. Ich wollte ganz einfach meine Reputation nicht riskieren, nur weil ich jetzt das Thema Network-Marketing ins Spiel bringe. Aber im Jahre 2000 habe ich eine Entscheidung getroffen: Seriöses Network-Marketing ist die Antwort für den deutschen Arbeitsmarkt und ich kann daher dies nicht länger meinen Landsleuten verschweigen, nur weil ich um meine Reputation fürchte. Also habe ich 2001 begonnen, dieses Gedankengut sowohl in meine Bücher als auch in meine Vorträge einzubauen. Es ist einfach so. Wenn jemand wirklich begriffen hat, was Network-Marketing wirklich ist und es in einem seriösen Unternehmen von seriösen Menschen (Leader) auch gelebt wird, kann diese Homebusiness-Revolution mit Fertigexistenzen niemand mehr aufhalten.

Daher sage ich auch immer: Ich halte es mit Martin Luther, der auch sagen musste: „Hier stehe ich, ich kann nicht anders!" Seine Kühnheit reformierte die ganze Welt.

Eines steht jedenfalls fest: Multiplikation ist viel effizienter als Addition. Und die wirtschaftliche Zukunft liegt für viele Menschen im Network-Marketing. Viele wissen es nur noch nicht.

Ja, es gibt überall schwarze Schafe. In der traditionellen Wirtschaft wie auch in der Network-Wirtschaft. Aber wir wollen uns doch nicht an den schwarzen Schafen orientieren bzw. einen Baum am Fallobst beurteilen, sondern an den Potenzialen, die in den vielen Menschen und Systemen stecken. Wenn wir uns auf die Wachstumspotenziale und die positiven Ansätze konzentrieren, dann habe ich keine Bange um Deutschland.

Ja, wir brauchen nach wie vor die traditionelle Wirtschaft. Und auch hier liegen viele Chancen und Möglichkeiten, wenn wir in manchen Bereichen umdenken.

Die Prinzipien sind aber immer die gleichen: Die Zukunft gehört den Menschen-Spezialisten, die wieder Menschen-Spezialisten hervorbringen. Sich eben multiplizieren.

SCHRITT 10:
Ich habe den Sinn des Lebens gefunden

Wenn Sie diese neun Schritte gehen, ist die Zeit des sinnlosen „Epibrierens" (was immer das ist) vorbei. Jetzt wird täglich gelebt – bis ins hohe Alter.

Bei Menschen ist es nämlich wie beim Wein: „Je älter umso reifer/besser/attraktiver".

Der Sinn des Lebens:

Sie haben den Sinn des Lebens gefunden, wenn Sie sich selbst gefunden haben.

Sie haben den Sinn des Lebens gefunden, wenn Sie Ihre Talente zum Nutzen, zum Vorteil anderer Menschen einsetzen.

Sie haben den Sinn des Lebens gefunden, wenn Sie Ihre Zielgruppe dafür gefunden haben. Jene Menschen, die Ihnen Gott anvertraut hat, um ihnen zu helfen, ein erfülltes Leben zu leben.

Sie haben den Sinn des Lebens gefunden, wenn Sie in Ihrem Leben jene Frucht hervorbringen, für die Sie geschaffen wurden und die für andere Menschen attraktiv ist.

Im Anfang war schon immer
die Zukunft.
Wie kann es geschehen,
dass Menschen sich von ihrer
Vergangenheit leben lassen?

Sie haben den Sinn des Lebens gefunden, wenn Sie die Antwort auf die Frage gefunden haben: „Was haben andere Menschen davon, dass es mich gibt?"

Sie haben den Sinn des Lebens gefunden, wenn Sie Ihre gottgegebene Berufung gefunden haben.

Sie haben den Sinn des Lebens gefunden, wenn Sie Ihren gottgegebenen Platz im Leben auch wirklich eingenommen haben.

Sie haben den Sinn des Lebens gefunden, wenn Sie wie der Apostel Paulus und Martin Luther über sich selbst sagen können: „Nicht mehr ich lebe, Christus lebt in mir!"

Ein neuer Mensch. Ein neuer Lifestyle.

Nachwort

Ich bin ganz sicher, dass es mir gelungen ist, Sie wieder zu inspirieren.

Nachzudenken über Dinge, die Sie vielleicht bisher so nicht gesehen haben.

Vorzudenken in die Zukunft, die – wenn Sie die gottgegebenen Gesetzmäßigkeiten beherzigen – mit großer Sicherheit auch für Sie sehr schön sein wird.

Im Anfang war schon immer die Zukunft. Wie kann es geschehen, dass Menschen von ihrer Vergangenheit gelebt werden? Lassen Sie nicht zu, dass Ihre Vergangenheit Sie lebt.

Egal, was alles passiert ist. Lernen Sie daraus und gehen Sie guten Mutes mit viel Kühnheit und Begeisterung weiter.

Träumen Sie wieder Ihren Traum.

Raus aus den eingefahrenen Gleisen – erweitern Sie Ihren Horizont. Vielleicht besuchen Sie uns in Amerika, um einen Neuanfang zu machen (www.usaforyou.com).

Treffen Sie eine neue Entscheidung für Ihre Zukunft.

Setzen Sie sich doch auf das richtige Pferd, das auch das Potenzial hat, Sie in die Zukunft zu tragen.

Entfalten Sie Ihre Persönlichkeit, investieren Sie sich in Menschen.

Es ist so einfach.

Bin ich von meiner Denke her
ein INVESTOR oder ein Konsument?
Davon hängt ab,
wie meine Zukunft aussieht.
Davon hängt auch ab,
ob es für mich eine Ernte gibt
oder nicht.

Nachwort

Sie sind nicht zu alt für einen Neuanfang, nicht zu alt, um nochmals anzupacken.

Vielleicht liegen Ihre Fähigkeiten genau dort, wo derzeit der größte Mangel herrscht in Deutschland: „Der Menschen-Spezialist – der Megatrend des 21. Jahrhunderts".

Hier kann Ihnen wahrscheinlich sogar Ihre Vergangenheit helfen, Ihre Zukunft und die Zukunft vieler anderer Menschen neu zu gestalten. Es lohnt sich.

Gott hilft Ihnen dabei.

Ihr

Karl Pilsl

Über den Autor

Karl Pilsl ist ein seit 40 Jahren in alle Höhen und Tiefen eingeweihter, selbstständiger Unternehmer, seit 1977 Medienunternehmer, seit 1979 auch in den USA tätig und dort seit 1987 Wirtschaftsjournalist. Autor von bisher mehr als 20 Büchern zu den Themen: Strategie, Leadership, Motivation, Wirtschaftsrevolution, Trends, erVOLLg-REICHes Leben und gelebte Christliche Werte.

Karl Pilsl hat in den letzten 40 Jahren mehr als ein Dutzend Unternehmen und Organisationen in Deutschland, Österreich und den USA gegründet, Hunderte Mitarbeiter aufgebaut und geführt, viele Leadership-Teams installiert und ist so mit allen Herausforderungen eines mittelständischen Unternehmers vertraut. Er ist u.a. Gründer der Österreichischen Bau-Marktforschung, heute als Baudata GmbH zur Bertelsmann/Springer-Gruppe gehörend. Er ist auch inspirierender Berater einiger einflussreicher Persönlichkeiten in Wirtschaft und Politik.

Karl Pilsl ist seit über 20 Jahren gefragter Seminarleiter, Consultant und spricht jährlich Hunderte Mal bei Veranstaltungen aller Art *„around the world"*. Er steht auch in Deutschland und Österreich für begeisternde, ermutigende Veranstaltungen, ausgerichtet für zielstrebige Unternehmer und Führungskräfte zur Verfügung. Nähere Auskunft dazu beim Verlag.

Über den Autor

Er hat Hunderten Unternehmern geholfen, ihre erfolgreiche Unternehmens-Strategie zu entwickeln und umzusetzen. Seit 1987 beschäftigt er sich insbesondere damit, herauszufinden, was deutsche Unternehmer und Führungskräfte von ihren amerikanischen Kollegen lernen können, hat dazu Dutzende amerikanische Firmen analysiert und ist zu folgendem Ergebnis gelangt:

"Wenn es uns gelingt, die hohe Qualität deutscher Produkte und deutscher Technologie mit der außergewöhnlichen Kreativität und Leadership-Fähigkeit der Amerikaner in der richtigen Weise miteinander zu verbinden, dann sind wir Deutschen am Weltmarkt unschlagbar."

Karl Pilsl ist auch Gründer von usaforyou – Inspirations for Business & Life, wo jungen Menschen die Möglichkeit geboten wird, vor Ort zu erleben, wo der entscheidende Unterschied zwischen der Denkweise deutscher und amerikanischer Unternehmer liegt. Mehr Info dazu unter www.usaforyou.com.

Seine bisher letzten Bücher *„Die 10 Haupttrends der aus den USA kommenden Wirtschaftsrevolution"* und *„Die naturkonforme Strategie"* sind wiederum Bestseller und besonders attraktiv für moderne Marketingunternehmen.

Karl und Monika Pilsl haben eine große Familie mit insgesamt acht Kindern und (bisher) neun Enkelkindern. Sie leben sowohl in Tulsa, Oklahoma (USA) als auch im Bayerischen Wald.

MEDIEN VON VERLAG GUTE NACHRICHT

Die naturkonforme Strategie
Die Natur ist erfolgreich. Jahr für Jahr. Was macht sie richtig?
Wenn wir aufhören, kompliziert zu denken und bereit sind, von der Natur zu lernen, dann wird das Leben einfach und höchst interessant. Wenn wir aufhören, allen alles recht machen zu wollen und beginnen, uns auf unsere Stärken und Talente und auf unsere Berufung zu konzentrieren, dann wird es sehr einfach, Spitzenleistungen zu erbringen und damit viele Menschen glücklich zu machen. – Die Natur ist Franchising und Network-Marketing zugleich. Die Natur versteht es blendend, sich zu multiplizieren. – Deutschland hat zu viele Manager und viel zu wenige Leader. Menschen lassen sich nicht managen, Menschen möchten geführt werden.
A5, 120 Seiten, ISBN 978-3-935760-00-3, VK **EUR 12,00**

Die 10 Haupttrends der aus den USA kommenden Wirtschaftsrevolution
Wir stehen mitten in einer noch nie da gewesenen Wirtschaftsrevolution – weltweit! Ob Sie zu den Siegern oder zu den Verlierern dieser Revolution gehören, liegt an Ihnen.
A5, 126 Seiten, ISBN 978-3-935760-05-8, VK **EUR 12,00**

Wovon werden die Menschen von morgen leben?
Die Wirtschaftsrevolution des 21. Jahrhunderts – Live-Mitschnitt eines Vortrags
Die aus den USA kommende Wirtschaftsrevolution des 21. Jahrhunderts und die damit verbundene Arbeitsmarktrevolution. Wer die Trends der heutigen Zeit früh genug erkennt, wird auch in Zukunft wirtschaftlichen Erfolg haben. Welche Trends sind das und welche Chancen und Möglichkeiten habe ich dadurch?
2 CDs, Gesamtlaufzeit ca. 121 Minuten, ISBN 978-3-935760-20-1, VK **EUR 18,00**

So komme ich zu meinem Traumjob!
Niemals arbeitslos, wenn ...
Teil I dieses Buches ist für Menschen geschrieben, die es vorziehen, in einem Unternehmen zu arbeiten, das ihnen nicht gehört und denen eine geregelte Arbeitszeit wichtig ist. Teil II dieses Buches ist für Menschen geschrieben, die es vorziehen, für sich selbst und zur Sicherung der eigenen Zukunft zu arbeiten, ihre Zeit frei einteilen möchten und ihren ErVOLLg davon abhängig machen, wie viel Zeit sie in andere Menschen investieren möchten.
Beide Wege sind sehr gute Wege. Der erste Weg ist riskanter. Der eine ist für das Erstere, der andere ist für das Zweitere geboren.
A5, 116 Seiten, ISBN 978-3-935760-03-4, VK **EUR 12,00**

Der sich multiplizierende Menschenspezialist
Live-Mitschnitt eines Seminars
Wer sich bei Menschen auskennt, diese erVOLLgREICH macht und zur Multiplikation führt, hat die besten Chancen auf eine erVOLLgREICHe Zukunft! Die zentrale Frage: „Was haben andere Menschen davon, dass es mich gibt?", wird in diesem Seminar ausführlich behandelt. Aus seinem reichen Schatz an gelebten Erfahrungen als langjähriger Unternehmer und Familienvater inspiriert Karl Pilsl und fordert mit verblüffend einfachen Ansätzen dazu auf, umzudenken und neue Wege zu gehen.
4 CDs, Gesamtlaufzeit ca. 204 Minuten, ISBN 978-3-935760-08-9, VK **EUR 36,00**

Was hat mein Chef davon, dass es mich gibt?

Interessiert es Sie, wie Sie Ihren Arbeitsplatz sichern können und für Ihren Chef unverzichtbar werden? Oder haben Sie als Chef Interesse daran, Ihre Mitarbeiter durch ein wirklich gutes Buch zu motivieren? Dann ist dieses Buch genau das richtige für Sie!
A5, 134 Seiten, ISBN 978-3-935760-07-2, VK **EUR 14,00**

DVD - Der Megatrend des 21. Jahrhunderts:
Der Unternehmer als Menschenspezialist

Karl Pilsl nicht nur HÖREN, sondern auch SEHEN!
Visionäre Leadership und die praktische Umsetzung der naturkonformen Strategie. Der Megatrend des 21. Jahrhunderts: Werden Sie ein Menschenspezialist! Wer sich bei Menschen auskennt und diese erVOLLgreich macht, sichert dadurch seine eigene Zukunft.
Menschen möchten geführt werden und sich entfalten dürfen.
Viele Firmen werden einfach nur gemanagt, sind aber weit weg von visionärer Leadership. Worauf es ankommt und wo der Unterschied zwischen Management und Leadership liegt, hören Sie auf dieser DVD.
1 DVD, Gesamtlaufzeit ca. 48 Minuten, ISBN 978-3-935760-09-6, VK **EUR 18,00**

10 Schritte zu einem erfüllten, erVOLLgREICHen, sinnvollen Leben

Alles beginnt mit einem Traum. Wer keine eigenen Ziele hat, wird immer von anderen Menschen gelebt. Wer die Führung für sein Leben nicht selbst übernimmt, darf sich nicht beklagen, wenn er von anderen Menschen wohin geführt wird, wohin er gar nicht wollte.
In diesem Buch zeigt Karl Pilsl 10 wichtige Schritte auf, sich mit der aktuellen Situation und der eigenen Zukunftsgestaltung zu beschäftigen.
Bedenken Sie: Es gibt keine Grenzen. Nicht für Gedanken, nicht für Ziele.
Nur die Angst vor dem Versagen setzt unsere Grenzen.
Planen Sie Ihr Leben und überlassen Sie es nicht dem Zufall.
A5, 120 Seiten, ISBN 978-3-935760-10-2, VK **EUR 12,00**

Familienseminar: ErVOLLg beginnt zu Hause!

Diese 4-teilige CD-Serie von Karl und Monika Pilsl ist ein Live-Mitschnitt eines der gleichnamigen Seminare und beinhaltet folgende Kernthemen:
„Make Mama Happy" – Was ist die Aufgabe eines Mannes, damit wirklich eine Atmosphäre der Liebe und Freude im Hause ist?
Wie kann eine Frau ihrem Mann helfen, damit sein Leben so einfach wie möglich ist und es ihm leicht fällt, die Verantwortung zu Hause zu tragen?
Was sind die wesentlichen Punkte in der Kindererziehung, damit die Kinder möglichst problemfrei durchs Teenageralter gehen und gestandene Persönlichkeiten werden?
Wie kann man positive Kinder erziehen in einer negativ geprägten Welt und die Familie visionär führen?
Wie kann man Familie und Beruf miteinander in Einklang bringen und dabei gemeinsam glücklich sein?
4 CDs, Gesamtlaufzeit ca. 204 Minuten, ISBN 978-3-935760-23-2, VK **EUR 32,00**

Starke Worte für starke Zeiten

Wir leben in starken Zeiten. Die Entwicklungen im begonnenen 3. Jahrtausend und die Zeichen der Zeit sind atemberaubend. Die Welt ist nicht mehr so, wie sie einmal war. Wir alle stehen ganz neuen Herausforderungen gegenüber. Die rapide Veränderung ist die einzige Konstante, die es heute gibt. Ungewißheit über die Zukunft macht sich breit. Die Angst der Menschen wächst. Wir leben in starken Zeiten.
Starke Zeiten verlangen nach starken Worten, nach Worten der Ermutigung, Worten der Hoffnung, Worten, die Power bringen. Diese Buchreihe ist eine wahre Ermutigung für die Herausforderungen des Alltags.

Nr. 1 – Du bist geboren zum Sieg – A5, 52 Seiten, ISBN 978-3-935760-11-9, VK **EUR 6,00**
Nr. 2 – ErVOLLgreich ins 3. Jahrtausend – A5, 52 Seiten, ISBN 978-3-935760-12-6, VK **EUR 6,00**
Nr. 3 – Nimm dein Leben in die Hand – A5, 52 Seiten, ISBN 978-3-935760-13-3, VK **EUR 6,00**
Nr. 4 – Lebe ein Leben der Freude – A5, 52 Seiten, ISBN 978-3-935760-14-0 VK **EUR 6,00**
Nr. 5 – Es geht aufwärts – A5, 52 Seiten, ISBN 978-3-935760-15-7, VK **EUR 6,00**
Nr. 6 – Die Power von x^3 – A5, 52 Seiten, ISBN 978-3-935760-16-4, VK **EUR 6,00**

MEDIEN IN VORBEREITUNG

Starke Worte für starke Zeiten Nr. 7 – Auf festem Fundament
A5, 52 Seiten, ISBN 978-3-935760-17-1 – Erscheinungsdatum 2007

Starke Worte für starke Zeiten Nr. 8 – Meine Zukunft ist gesichert
A5, 52 Seiten, ISBN 978-3-935760-18-8 – Erscheinungsdatum 2007

Ein aktuelles
Medienverzeichnis bzw. **Seminarangebote**
von Karl Pilsl und des
Verlags Gute Nachricht
erhalten Sie bei:

Verlag Gute Nachricht GmbH
Freyunger Straße 53 a · D-94146 Vorderschmiding
Tel. +49-8551-9149-0 · Fax +49-8551-9149-14
E-Mail: office@verlag-gute-nachricht.de

oder im Internet:
www.wirtschaftsrevolution.de

usaforyou
inspirations for business & life

Es gibt 3 Möglichkeiten uns in den USA zu besuchen:

Programmaufenthalt

3-wöchiges Programm inkl. Vorträge, Firmenbesichtigungen, Unterkunft, Auto und Betreuung. Findet jeweils vom 1. bis 21. des Monats statt. Verlängerungsmöglichkeit besteht.
Termine und Preise unter: www.usaforyou.com

Gruppenreise mit Karl Pilsl

USA-Gruppenreise mit Karl und Monika Pilsl für Unternehmer und Führungskräfte. 10-tägiges Intensiv-Programm mit Firmenbesichtigungen und Unternehmervorträgen in Tulsa, Oklahoma und Dallas, Texas. Unterkunft im 4-Sterne Hotel, Transport mit Van.
Termine und Preise unter: www.usaforyou.com

Individualaufenthalt

In den Monaten, in denen kein reguläres Programm stattfindet, besteht die Möglichkeit unsere Unterkünfte und Autos individuell zu buchen. Preise unter: www.usaforyou.com

Karl Pilsl
Unternehmer, Wirtschaftsjournalist in USA und Gründer von usaforyou